コンサル・コード

プロフェッショナルの行動規範48

中村健太郎

KENTARO NAKAMURA

BOW BOOKS

はじめに

本書は、現在、私が率いているFIELD MANAGEMENT STRATEGY社の新人研修テキストとして、我々が目指すコンサルティングの要諦を記したものです。

我々が目指すコンサルティングとは何かと言ったら、**企業の抱える課題を、クライアント個人（特に経営者）の課題に落とし込み、その解決に向けて、意識変化、行動変革、実行をサポートし**、それによってクライアントのビジネス成果を創出するモデルです。

重要なのは、**企業の抱える課題を、クライアント個人（特に経営者）の課題に落とし込み、**その解決に向けたサポートを行うことです。すなわち、かつて、経営の経験者が後進たちに向けて行っていた、コンサルファーム創生期のコンサルタントたち＝「グレイヘア」のコンサルティングの現代版です。今後、ＡＩに代替されそうな定型的な「ファクトベース」のコンサルティングから、挑戦する経営者たちに寄り添っていくコンサルティングへの、発展的回帰です。

これからのコンサルタントは、経営者個人の課題に対して、経営者個人が納得し腹落ちする解決策を提案し、ともに行動することで、その価値が認められると考えます。

したがって、コンサルタントにとって最も重要なのは、クライアント・インタレスト（＝**Client Interest クライアントが真に求めていること**をファームではこのように呼びます）**を最優先事項に自分の行動規範を決められる「プロフェッショナル・メンタリティ」**です。巷に出回る問題解決のスキル云々以前に、これこそが欠かせないものです。

しかし、若いコンサルタントにとって、真にクライアント・インタレストをつかむのは不可能に近いと言ってもいいでしょう。多くの若手の悩みです。

実際のところ、経営者から本当の悩みを打ち明けられるようになってようやくMD（マネージングディレクター＝プロジェクトの総責任者。パートナーと呼ぶファームもある）、経営者との関係構築のためのスキルを日々試行錯誤・鍛錬しているのがSM（シニアマネージャー＝MDの一つ下の階層。多くが十年以上のキャリア）、というのがコンサル業界の現実です。

クライアント・インタレストをつかまないと価値は出せない。しかし、クライアント・インタレストをつかむには十年以上の歳月が必要とされるのです。

では、そのような中で、コンサルタントとして大成する人と、そうでない人の差はどこから来るのでしょうか。

その答えは、**コンサルタントとしての行動量**にあります。

コンサルティングの仕事は、才能でどうにかなる仕事ではありません。言い換えれば、才能を必要としていません。才能があるように見える人は、**才能と錯覚させるまで試行錯誤を繰り返し**、自分なりのやり方を見出して、クライアントに己の価値を認めさせている人です。

つまり、成功と失敗の差は、**努力の量＝正しいアプローチによる行動の量**の差なのです。コンサルタントのスキルは、コモディティ化していると言われています。それは、コンサルファームにいない人でも、本やコンサル卒業生の活躍で、コンサルスキルへのアクセスが可能になったことが背景にあります。しかし、**知っているということと、やっているということは全く違います**。ドリブルは誰でもできるけれど、真似できないほど極めているからプロアスリートになれるのと同じで、**コモディティスキルであっても、極めているからプロになれる**のです。

私が、自社のアセットであるとも言える行動規範集、新人研修テキストを、このように、書籍という形で公表することを躊躇しないのも、この理由からです。すなわち、決め手は実行にあるのです。

本書は、そもそも、私自身の、ボストン コンサルティング グループ、ならびにアクセンチュアでの十年以上に及ぶ新人コンサルタント育成の経験から独自にまとめてきたものをもとに作られています。弊社のコンサルタントの**行動規範集**としていますが、コンサルタントに限らず、ビジネスパーソンとしてプロフェッショナルを目指し、訓練を開始するすべての人に向けた**実践的かつ正しいアクションが書かれたスキルブック**としても十分お役に立てるものと自負しています。

クライアントミーティングや提案・プレゼンにおける具体的な所作など、コンサル業界に限ったものと思われがちですし、実際、コンサル業界特有の用語もあえてそのまま用いていますが、よくお読みいただければ、本質は、一般企業において求められるそれと変わることのない、プロフェッショナルの基本所作であることがおわかりになるでしょう。いわば、「プロフェッショナルを目指す社会人一年目の教科書」です。

現在、コンサル人気も、コンサル案件の需要と供給も過熱気味です。今は売り手市場にあるコンサル同士の競争も、いずれ激しくなってくることでしょう。そうした中で、抜きん出たコンサルタントになるべく励んでいる方、これからスタートする方はもちろん、プロフェッショナルを目指す、すべての若いビジネスパーソンにとって、**本書に書かれた内容を素直に実践すること**が、スキル向上に向けた最速のトレーニングになればと考えています。

スポーツのそれと違い、コンサルスキルの訓練開始地点は、社会人になってからです。後天的なスキルですから、**学習で確実に一定レベルより上位にいけます**。変化に向けた第一歩目は、**自分は変化できると認識することから始まります**。

大事なことはただ一つ、**一日も早くその訓練を開始すること**です。スキルが身につくかどうかはやってみないとわかりませんが、**スキルを身につける訓練を始めることは、始める意思さえあればできること**です。

「自分の納得感」「自分なりの心地よいやり方」「これまでの経験則で得た信念めいたもの」「自分には才能がないから……といった妄想や**やらない理由探し**」**を捨てて、実践する**（**＝行動を変えること**）**ことを目的に利活用**いただければ幸いです。

中村健太郎

コンサル・コード　目次

1

コンサルタントが持つべきベースのマインドセット

人間の行動原則を理解する

01

CONSULTANT CODE

人間の行動は、①物事を「認識」してから、②認識結果を「判断」し、③判断を積み重ねて「決断」し、④「行動」に移す、というサイクルで動いている。

したがって**「認識」を誤れば、または「判断」や「決断」が稚拙であれば、どのような「行動」であっても間違った行動にしかならない。**

たとえば、新規事業の収益性に関する情報を収集する場合、ネットや文献、ヒアリングなどさまざまな方面から収集するわけだが、それらの情報のうちのどれをどのように正しいものとして取り入れるかは、「認識」の問題である。その最初の「認識」が誤っていると、以後の判断、決断、行動のすべてが誤った結果となる。

コンサルタントに限った話ではない。人として、ビジネスマンとして、「間違った行動」や「至らない行動」のすべては、認識・判断・決断の間違いであると理解すべし。

では、どうして、誤った認識をしてしまいがちなのか？

その原因の多くは、無意識のうちに私たちにかかるバイアスにある。バイアスとは認知の歪みだ。

たとえば、新規事業を始めるに際して、ヒアリングの結果、ネックはコストにある、という意見を当事者から聞いたとする。しかし、本当にコストの問題なのか？　それは思い込みからくる偏った見方ではないか？　本当の阻害要因は、別のところにあるのではないか？　そう察知するのも、額面通りコストのせいだとするのも、「認識」だ。そして、言うまでもなく、後者がバイアスのかかった状態である。

認識・判断・決断の三要素のうち、判断や決断は客観的な自己分析によって高度化できるが、**認識には無意識のうちにバイアスがかかる**ため、なかなかそうはいかない。ビジネスシーンであるかどうかにかかわらず、自己の認識にバイアスがかかること、そして、それはほぼ止められないことを理解するべきである。

そして、ビジネスで自分の行動が結果につながらないときには、立ち戻って最初の認識にどんなバイアスがかかっていたか、点検してみよう。そのためには、同じ物事を他人がどう認識したか、自分の考えとの差はどこにあったのか、なぜその乖離が起きたのか、セルフフィードバックするのが鉄則である。

こうして「認識の共有」が他者とできると、話のベースが整い、視座（見えている世界）が共有され、ひいてはチームやクライアントからの信頼につながる。一方で、認識がズレたまま物事が進むと、事故しか起きない。

とにかく、重要なのはどう物事を「認識」できるかだ。**すべては「認識」スキル**と言っても過言ではない。

判断や決断の多くは、論理的・合理的に説明がつく類であり、人によって差が生まれにくい。一方で「認識スキル」は、人によって大きく違う。**バイアスがかからないよう意識している人と、バイアスをかけてしまう人のスキルは大きく異なる。**

つまり、**認識＝物事の捉え方が、一流のビジネスマンかどうかを決める要素**であり、ベーシックだけれどもつまずくことが多いコンサルスキルの根幹である。

CONSULTANT CODE

02

日常人格と職業人格を切り分ける

コンサルスキルを磨く前に、自分の中の、私的な**本来の自分**（**日常人格**）**と、仕事の自分**（**職業人格**）という二つの人格を切り分ける必要がある。

その上で、この**行動規範が求めているのは、仕事上の職業人格である**ことを理解する。日常人格は関係ない。ビジネスパーソンで最も残念なことは、**仕事のシーンで日常人格、つまり私的な本来の自分を出してしまうこと**である。これをやると、仲間やクライアントからの信頼は失墜する。

特に、新人コンサルタントは、社会人としては言うに及ばず、人間としての人生経験も、ほとんどの場合、クライアントの方々よりも浅い。青臭い考え方を残している場合もあるだろう。

たとえば、クライアントにヒアリングをする。わからないことがあったとする（新人なら当然、あるだろう）。そのときは、正直に「わかりませんので、教えていただけますでしょうか？」と聞けばいい。もしその場では聞きにくい状況だったら、ミーティングの後、業務外に飲食の場などを設けて、そこで聞けばいい。それだけのことだ。

ところが、それまでエリート街道を歩んできた新人に限って、抵抗する。「私はそういうタイプじゃありません」と。

これが、職業人格と日常人格を混同するということだ。自分のタイプなんてどうだっていい。私的な自分のプライドなんてどうだっていい。職業人格だと思えば気にならないはずだ。

大多数の**ビジネスパーソンは、自己犠牲の上で仕事をしている**。つまり、それぞれ私的な自分は脇に置いて、職業上の価値を優先している。そういう人たちに、**自分の優先事項をぶつけてはいけない**ということだ。

自分の優先事項、つまり自分の主義主張、セルフイメージの表現を人前で露呈しないためには、**仕事の自分は別物という認識**が必須だ。私的な「日常人格」以外に、仕事をする際の「職業人格」を認識することだ。

認識をするには、自分で自分を「今、△△の仕事をしている○○」と呼べばいい。あるいは、違和感のある判断をすることになったときは、「これは仕事の自分の話」と口に出して、自分に言い聞かせることだ。

職業人格の形成に、それまでの人生の経験、個性、得意不得意などは一切関係ない。形成に寄与するのは、ビジネスパーソンとしての行動と訓練だけだ。

できる人を見て、**「自分は、あの人とは違ってできない」と捉えるのではなく、「自分は、あの人がやった正しい努力・訓練をしていない。だからできない」**と捉えるのが正しい。

この認識ができないとき、行動のエラーが起きる。

前者の認識のままでは、何かを諦めることにつながり、後者の認識ができれば、努力につながる。そして、職業人格の自分を客観的に見つめる癖をつけることができてはじめて、プロフェッショナルとしてのスキルを上げるための土台が整うことになる。

CONSULTANT CODE

03

コンサルタントとして目指す姿を定義し、現状とのギャップを見える化する

コンサルタントとして思い描いている**自分の姿は、とにかく明瞭に言語化**しておく必要がある。

自分はどういうテーマ・問題解決に取り組み、どんなポジションの、どんなロールで、どんなクライアントに従事するのか、次の二年、三年のゴールを描く。

ゴールを明確に描くことで、**今の自分と何が違うか、今の自分に何が足りていないかを明らかにする**ことができる。

そして、なぜ、職業上の自分が、思い描いていた理想と異なるのか、自分なりの原因分析を常に行う。原因分析は、頭の中で唱えるのではなく、**課題、原因、アクションを明文化**して整理する。

次の三ヶ月で解決する課題が、常に見えている状態にするのである。

とにかく文章で書くことが重要だ。**文章にすることによって、思考が自然と構造化され、論理的な解決の道筋が作りやすい。そして、最終的に自分の頭をクリアに整理できる。**

CONSULTANT CODE

04

自分の課題に対するフィードバックを受け、吸収する

職業上の自分が思い描いていた理想と、今の自分が異なる原因を分析し、次の三ヶ月で解決する課題を文章にしたら、その整理した文章をベースに上司からフィードバックを受けることが重要だ。自分で定義した課題とフィードバックの双方がそろうと、スキル習得のスピードは急速に上がる。

自分の課題について、上司の合意をとっておくことには、さまざまなメリットがある。上司は最も大事な課題を指摘する。**上司と自分が優先する課題認識が合っていると、成長を感じやすくなる。**

成長はフィードバックの量に比例する。上司の言葉、自分の失敗、クライアントの苦情、プロジェクトの炎上（失敗）、すべてがフィードバックである。

フィードバックを得たら、**どんな言葉であってもそれを自分に有益なものと捉えて吸収する。それができなければ個人の成長機会は失われる。**

なお、フィードバックを受けるフィードバックミーティングは、上司からフィードバックの時間をもらった上で、用意した文章を両者で更新する形で進めるのが理想である。

特に上司とすり合わせるべき事項は、課題や問題認識とその対応の優先順位である。そのすり合わせができれば、解決策を議論するまでもない。

課題や問題意識をすり合わせる際は、**他責思考を捨てる**。すなわち、問題の要因を、「環境」「他人」という自分ではコントロールできないところに求めてはいけない。

とにかく、「原因自分論」を徹底することだ。問題が起きている要因は、常に自分に求めなければいけない。**自分に求めた上で、自分にできるアクションを明確にする**のである。

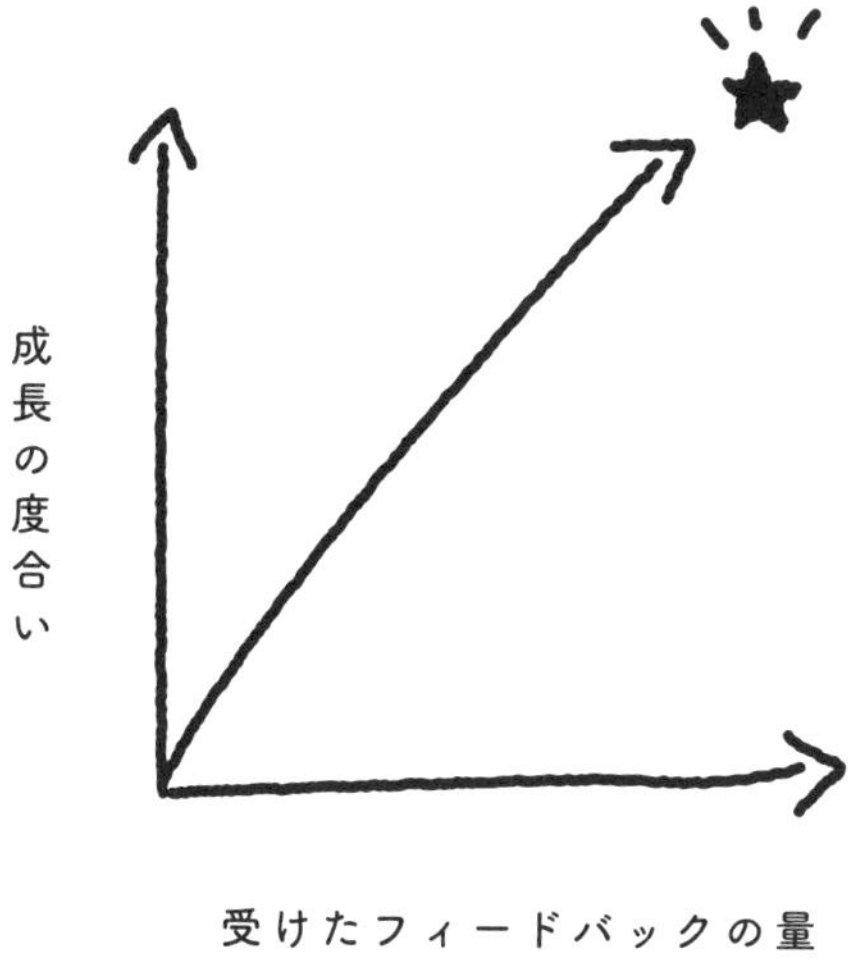
成長の度合い
受けたフィードバックの量

CONSULTANT CODE

05

プロフェッショナルを目指すための六つのマインドセットを自分に植え付ける

職業人格側の自分は、自他共に認めるプロフェッショナルを目指さなければならない。

プロフェッショナルとは、**Client Interest（クライアントが真に求めていること）を最優先し、クライアントが求める成果到達に向けて、全過程を、最高のパフォーマンスでやり切るビジネスパーソンのこと**である。

プロフェッショナルとなるためには、新人のうちから、次の六つのマインドセット（心構え）を職業人格の自分に植え付けることである（詳しくは順に後述する）。

- **Humble（謙虚）**自分を客観視し、他者の評価を謙虚・素直に受け止めること
- **Authentic（正真正銘）**見せかけではない本物のプロ意識を持つこと
- **Responsible（自責）**全事象は自己責任と捉え、他者・過去・未来のせいにしないこと
- **Optimistic（楽観的）**ゼロリスク思考を捨て、不確実性を批判・悲観せずに楽しむこと
- **Process Oriented（結果より過程）**結果ではなく、プロセスに細部までこだわること
- **Differentiate（差別化）**仕事を通じ、余人を持って代え難い価値を出せる領域を見出すこと

CONSULTANT CODE

06

マインドセットを行動で示す

マインドセットを叩き込む効果的な方法は、**行動**である。先に挙げた六つの項目についても、その解釈や理解に時間を費やす必要はない。ただひたすらやるのが正解である。

人間は、放っておくと行動しない動物である。行動によって得られる得よりも、行動によって被る損を回避する心理が働く（損失回避バイアス）からだ。

したがって、ほとんどの人は、やるかやらないかを迫っても、行動しない。

プロフェッショナルとは、この損失回避バイアスを矯正できる人とも言える（だから、才能を必要としないにもかかわらず、成功する人は少ない）。

大事なことは、ほとんどの人が行動するかを迫ってもやらないわけだから、やったら差別化できると考えて、行動すること。その選択をするメンタリティを持つことである。つまり、行動の機会を、自分にとってのチャンスと捉えることだ。

損失回避バイアスがかかりやすい人は、やったら得が得られると、自己暗示的にやってみるとよい。

ビジネス界隈のプロフェッショナルは、**見返りやリターン、ROI（投資対効果）を気にせずに行動できる人**である。

リスク回避の典型的な例として、インターナルミーティング（ファーム内部メンバーのみの打ち合わせ）において、アウトプット（パワポや分析資料などの成果物）イメージや仮説に関して上司の考えを探る発言や言動がある。

本来、新人のうちから、課題に対して自分なりの仮説を立て、それに基づき情報を整理し、解決策を立て、それを持ち寄って上司や先輩たちから厳しいフィードバックを受ける。それが、プロジェクトにとっても、個人の成長にとっても重要なプロセスだというのに、そのプロセスを怖がるのである。

そして、曖昧で、スタンスをとらない「叩き台」を用意し、上司の顔色をうかがいつつ、臨機応変に修正していく。そうしておけば、上司と意見が違っていても対立点を曖昧にしながら、「円滑に」物事を進めることができるからだ。

これは、細部まで詰めた後になってから、コンテンツ（提案内容）やアウトプットの方針が変わることに対するリスク回避の言動の典型であり、結局やらない人の思考回路である。

インターナルミーティングで議論するのは論点や仮説方針であり、その議論では、自分なりに考え抜き主張を明確にした提言を文章に落として、上司にぶつけ、上司からの意見を引き出すようにするべきだ。

作業が膨れようと、方針が大転換しようと、アウトプット化という自分ができる行動に率先して着手できる人が、ここで目指す「行動できる人」である。

行動（＝主張を明確にしたアウトプットを作成）しても結果（＝コンテンツの方向性が定まる）につながらないかもしれない。ただし、行動しないとスキルは身につかない。そして、**コントロールできるのは、行動するプロセスだけだ。自分で変えられるところから着手すべきである。**

とはいえ、自分の行動様式を変えるのは、非常に難しい。険しい道のりだ。だからこそ、もしそれができたとしたら、**その経験は、コンサルタントとして絶対的な財産となる。**

それは我々がクライアントに求めていることでもあるから、いかに難しいことかをコンサルタント自身が心底理解していなければならないのである。

余裕があれば、自分の経験上感じた難しさなどをしっかり言語化し、将来、なかなか行動に移らないクライアントを突き動かすためのエッセンスを得ておくことも有益である。

CONSULTANT CODE

07

Humble（謙虚）なマインドセットに紐づく行動をとる

謙虚さは、急速に成長するために必要なマインドセットである。

特に上司からのフィードバックやクライアントからの依頼に対して、謙虚な姿勢で臨むことが重要である。

前述のように、成長の係数は、クライアントや上司たちからもらうフィードバックの量に比例する。

フィードバックを多くもらいたければ、それを受け入れるマインドを持つ必要がある

（これは新人に限らない。自身がマネージャーになってからも同様だ。フィードバックを得られる環境が身の周りにないと、腕は落ちる）。

謙虚に聞こうとしない人にフィードバックをするほど、マネージャーは暇ではない。

Humble（謙虚）なマインドセットに紐づく行動

- □ フィードバックを受けたら、まず「承知しました」と言う。
- □ 即、「承知しました」と言えるように、話を聞く。
- □ 聞く際に、ロジックの粗を探さない。
- □ 聞く際に、自分の理解と照らし合わせない。
- □ 聞く際は、最後まで聞く。途中で口を挟まない。
- □ わからないことがあっても、聞く姿勢を止めない。
- □ 聞いた言葉は、丁寧にメモをとる（メモは手書き必須）。
- □ 発言から、意図を汲み取る・整理する訓練をする。

□ 言われたことは、即行動・実行に移す。

□ 最初のうちは、全録音・文字起こしなどを行う。

□ ただし、聞く行動につながらない録音・文字起こしは無意味。

□ 手書きしたメモは、その日のうちに清書する。

□ フィードバックからの自分の学びを抽出する。

□ 最初のうちは、自分の学びを自分自身と上司に毎日メールする（上司と成長課題を共有した上で）。

CONSULTANT CODE

08

Authentic（正真正銘）なマインドセットに紐づく行動をとる

Authentic（正真正銘）とは、自分が正真正銘のビジネスリーダーであるという意識を持ち、プロジェクト遂行において**一切の妥協を見せず、自分がラストマン（最終責任者）として、**重要課題に取り組むために必要なマインドセットである。

現在の売り手市場のコンサルティング市場では、自分で自分の限界を線引きして、なんとなくうまくやろうという中途半端な覚悟でも、それなりの結果が出せてしまうかもしれない。しかし、この状況が、今後も続くとは思えない。そんなコンサルティングは通用しなくなるだろう。

世の中に求められ続けるのは、**正真正銘のプロフェッショナルであり、全員がプロフェッショナルとは何かを追求しているチーム**である。そのためにも、Authentic なマインドセットを磨き続ければならない。

Authentic（正真正銘）なマインドセットに紐づく行動

- □ 仕事に対して、情熱と覚悟を持つ。
- □ 情熱と覚悟は言葉に発し、チームやクライアントと共有する。
- □ 能力の低さを認める（言い訳で回避しようとしない）。
- □ 行動を起こす際に退路・予防線を断つ。
- □ 自分の限界を自分で線引きしない。
- □ 何にコミットするのか責任を明確にして合意する。
- □ 時間投下や知見ではなく、コンテンツに対してコミットする。
- □ バランスをとろうとしない、崩れても立て直すスキルを身につける。

□ 全体のキャパを広げていこうという意識を持つ。

□ 敢えて実現が難しそうな高い目標を具体的に掲げる。

□ 自分なりのプロフェッショナリズムを言語化する。

参考図書

『ザ・プロフェッショナル』大前研一著（ダイヤモンド社刊）
『自己プロデュース力』島田紳助著（ワニブックス刊）
『イレブンリングス 勝利の神髄』フィル・ジャクソン著（スタジオタッククリエイティブ刊）

□ 言語化するだけでなく、日々唱える。

□ 周囲のメンバーのマインドセット構築にコミットする。

CONSULTANT CODE

09

Responsible（自責）な マインドセットに紐づく行動をとる

すべての事象は、**自分の責任のもとに起きている**、と捉える。

これがなければ、どんな努力も水の泡。コンサルタントとしてはもちろん、どんなビジネスパーソンとしても、成長する余地は一切ない。

自分以外のことは変えようがないものであり、変えようがないものに責任を転嫁させる思考（他責思考）では、問題の原因分析は進んでも、解決に向けたアクションはとれない。

他人が言っていること、誰かが言うかもしれないこと、クライアントの事情……など、うまくいかない要因はたくさんある。だが、それらを挙げたところで、問題解決の糸口は一切出てこない。

したがって、無限の成長の可能性を享受し続けたいと望む者は、ベースの考え方に自責思考を持つことが必須であり、全員がそれを持つチームは最強である。

Responsible（自責）なマインドセットに紐づく行動

□ コンテンツに対して、全責任は自分にあるという覚悟を持つ。
□ 自分に非がないようなことでも、すべて自分の要因を追求する。
□ 事象自体の評価をしない、自分自身の行動の評価をする。
□ 何に対しても、自分が変えられることを識別し行動する。
□ 上司・部下・クライアントの責任・粗を探さない。
□ ネガティブな事象に対し、自分が至らなかった点を捻り出す。

□ ネガティブな事象に対する「認識」を自責思考で捉え直す。

キツいフィードバック ⬇ Feedback is Gift（フィードバックは贈り物）
上司が話を聞いてくれない ⬇ 自分のコンテンツの品質が低い
複数の上司が別のことを言う ⬇ 別のインプットをもらえてラッキー
上司から時間がもらえない ⬇ 品質について信頼はされている
無茶振り ⬇ 振ってくれるだけでも価値はある
クライアントミーティングで失敗した ⬇ 準備不足
コンテンツ（提案内容）ができない ⬇ 自分の力の限界、ヘルプをもらう

Optimistic（楽観的）なマインドセットに紐づく行動をとる

CONSULTANT CODE

10

課題解決に向けてクライアントを導く立場にあるコンサルタントには、クライアントに安心感を与えるためにも、**常に物事をポジティブに捉える心構え**が重要である。

コップ半分の水を、「半分も入っている」と捉えるか、「半分しか入っていない」と捉えるかは、**同じファクトに対する認識の仕方の違いであり、前者で捉えられるかどうかはマインドセットの問題だ。**

仕事を通じて誰もが直面する、不確実性、日常的に起きる雑多な問題、先の見えない大きなチャレンジ。これらに対して、どのように向かっていくのか。**事象は変わらないわけだから、ポジティブな側面を認識する癖を身につける**ことだ。

Optimistic（楽観的）なマインドセットに紐づく行動

- □ 新たなテーマやチャレンジを、「面白い」ものと捉える。
- □ 「面白い」「いいね」「はい」等の肯定的なワードを口癖とする。
- □ 新たなテーマを批判的・懐疑的に受け止めない。
- □ 「できない」「でも」といった言葉はＮＧワードにする。
- □ 批判的・懐疑的な発言は絶対ＮＧ。
- □ 新しい知識を得る機会を楽しむ。

□　普通に考えたらつまらないことでも全力・真剣に取り組む。

□　自分の価値基準ではなく、相手の価値基準で行動する。

なお、物事をネガティブに捉えてしまうのは、「認知バイアス」の問題（次ページ参照）であり、認知行動の矯正・補正を意識的にやらなければ改善することができない。

認知バイアスがかかり、常に**ネガティブ思考になっている**と、ビジネスパーソンとして、圧倒的に不利である。**損・リスク・機会損失しかない**。それに早々に気づき改善を試みるべきである。

次のページから改善のためのヒントを伝授する。

気をつけるべき、代表的な認知のバグ（認知バイアス）

認知バイアスとは、物事の認識・判断が、直感やこれまでの経験に基づく先入観によって非合理的になってしまう心理現象とされる。いわば、人が五感で感じた事象を、脳に伝える際の情報の取捨選択のエラーだ。

特に自分にとってストレスがかかるような情報を脳が認知する際に起きやすい認知のバグだと言っていいだろう。

認知のバグに気づくには、人に指摘してもらうことが最も手っ取り早い。認知の乖離に気づいたら、すぐにフィードバックをもらい、是正する。

- **ハロー効果**　ある対象を評価する際に、目立つ情報や特徴のある情報に引きずられて評価を歪めてしまうこと
- **ダニング＝クルーガー効果**　能力の低い人が、自分の能力を過大評価してしまうこと

（人の意見を聞き慣れておらず、自分の意見を最も尊重しているとよく陥る。特にリサーチの初期で、いろいろ情報がわかると全部わかったような気になってしまう状態。これは識者からしたら、ただのバカにしか見えないので、絶対に避けなければならない）

- **確証バイアス**　自分の先入観を正当化して、都合のよい情報しか集められない状態になること（タスクの進捗管理で「クライアントが何も言っていないから大丈夫」と放置すること）
- **正常性バイアス**　集団心理に乗っかって、都合の悪い情報を無視する
- **自己奉仕バイアス**　失敗はすべて人のせい、成功は自分のおかげ。自分の行動は正当化してしまう（「失敗は○○のせいで、私はちゃんとやっています」的なもの）
- **損失回避バイアス**　行動するとリスクが大きいと思い込んでしまい、行動のメリットを過小評価してしまうこと

「悩まない体質」づくりのためのヒント

Optimisticなマインドセットを持つためには、**「悩まない体質」になる**ことも重要なコツである。

悩みの中でも、**過去・未来・他人のことは、今この瞬間では解決しようがないので、悩むだけ無駄**である。

- さっきのミーティングでのプレゼンの失敗（**過去**）➡取り返しは無理
- これを見たら○○さんがこう言うかも（**未来**）➡見せてみなきゃわからない
- 上司からのキツいフィードバック（**他人**）➡上司は他人。他人は変えられない

そのような悩みを抱えた瞬間、自分でそれに気づき、是正する訓練を積むことだ。

悩みにつながりそうなストレッサー（ストレス反応を引き起こす要因）をリストアップしておき、それぞれについて、職業人格の自分がどう捉え、何を改善するべきかも書いておく。

若いビジネスパーソンにありがちなストレッサーは、たとえば次のようなものだろう。

・新しいクライアント
・新しいテーマ
・本業から外れる雑務
・オーバーワーク気味の作業指示
・厳しい納期
・不確実な将来
・クオリティの低い案件
・上司・部下との人間関係　　など

Optimisticさを強化する参考図書

『なぜ月曜日は、頭が働かないのか――心が、脳を「変える」』　イアン・ロバートソン著（朝日出版社刊）

CONSULTANT CODE

11

Process Oriented（結果より過程）なマインドセットに紐づく行動をとる

結果はコントロール不可能、プロセスは自分がやるかやらないか。プロセスにこだわったところで、誰にも褒められない。しかし、最高の結果を得るためには、最高のプロセスを蓄積するしかない。

Process Oriented（結果より過程）なマインドセットに紐づく行動

- □ 結果にこだわらない。結果で一喜一憂しない。
- □ すべてはそこに至るプロセス。課題はプロセスに求める。
- □ やっても無駄という考えは一切持ち込まない。
- □ 人との差を才能の違いに求めない。すべては努力の量と質の差。
- □ 結果につなげる作業は、頭をアクティブにしてこなす。
- □ 単純作業として処理する・こなすというモードにならない。
  - ・インターナルミーティングは必ず準備して臨む
  - ・クライアントプレゼンは必ず練習して臨む
  - ・資料制作作業時は、常に論点・仮説をアップデート

12

CONSULTANT CODE

Differentiate（差別化）なマインドセットに紐づく行動をとる

自分にとって新しい仕事、未知の仕事から逃げない。**コンテンツ（その案件でクライアントに提案する内容。領域ごとの専門知識や情報を含む）との出会いは一期一会だ**。たまたま依頼された案件が、自分にとっては全く未知の業界のものだとしたら、知見を広め深める千載一遇のチャンスだ。求められているものは、80レベルのことだとしても、120、あるいは200まで徹底して行う。その業界を知り、余人をもって代え難い存在になれる**チャンスだからだ**。

他を圧倒する知識量を誇るコンテンツで、クライアントをナビゲートできることが、コンサルタント間での差別化要素の一つである。抜きん出たコンテンツを有する領域を持つことを狙うべきである。

とはいえ、そうした領域が、当然、一朝一夕で手に入るわけではなく、時間と労力をかけた個人の努力によってのみ得られるものである。

Differentiate（差別化）なマインドセットに紐づく行動

□ 案件に対する選り好みをしない。

□ 常にビギナーズマインド（知らないスタンス）でいる。

□ 「馬鹿の山」（全部わかった気になっている状態）を登って知った気にならない。

□ すべてのモノ・コトから学び取る姿勢を持つ。

□ 何であれ、自分の中で、人よりも一つ二つ深掘りをする。

□ リサーチのときから仮説検証しない。

□ リサーチの際も、疑問・問いを発見し続ける。

□ 「絶望の谷」(何もかもダメだと無気力になっている状態)に落ちたところが、スタート地点だと思い知る。

□ 知っている人からインプットを得まくる。

□ 手も足も全身を使って理解を深める。

CONSULTANT CODE

13

継続的に実践する

プロフェッショナルに求められる行動のプロトコル（約束・規則）は、前述の六つのマインドセットを**日常的に体現すること**であり、呼吸するかのごとく自然とできるようになるまで実行し、練習することである。

練習にあたっては、自分なりのドリルを作成し、徹底的に実践する。

To－Doリストに自分の実施項目を毎日書いておき、それをひたすら実行する。

ドリルの実践の準備運動として、次の二点を始業前に行う。

①To－Doリストの更新をする

②ドリルを見直す

時間は絶対に朝にする。なぜなら、このドリルは、マインドセット体得に向けたものであり、その日の仕事をプロフェッショナルらしくこなすためのものだからだ。朝にやらなければ意味はない。

継続的な実践を通じて、六つのマインドセットに紐づく行動をどんどん**ルーティン化し、ルーティンの中で高めていくプロセスに入ることができれば、その技は体に染み付く**。そうなるまでただひたすらに実践を繰り返す。

実践にあたっては、プロスポーツ選手の考え方を研究・参考にするといいだろう。勝とうと負けようと、それまでどのような活躍をしていようと、**日々のトレーニングを積み上げていく彼らの自己研鑽の仕方**には学ぶところが多い。

0か100かの結果でしか評価されない世界で戦っているアスリートと比べたら、ビジネスパーソンが負っているリスクなど小さいものだ。**その中でいかに自己研鑽できるか、**そこに考えの重きを置いて実践を続けることだ。

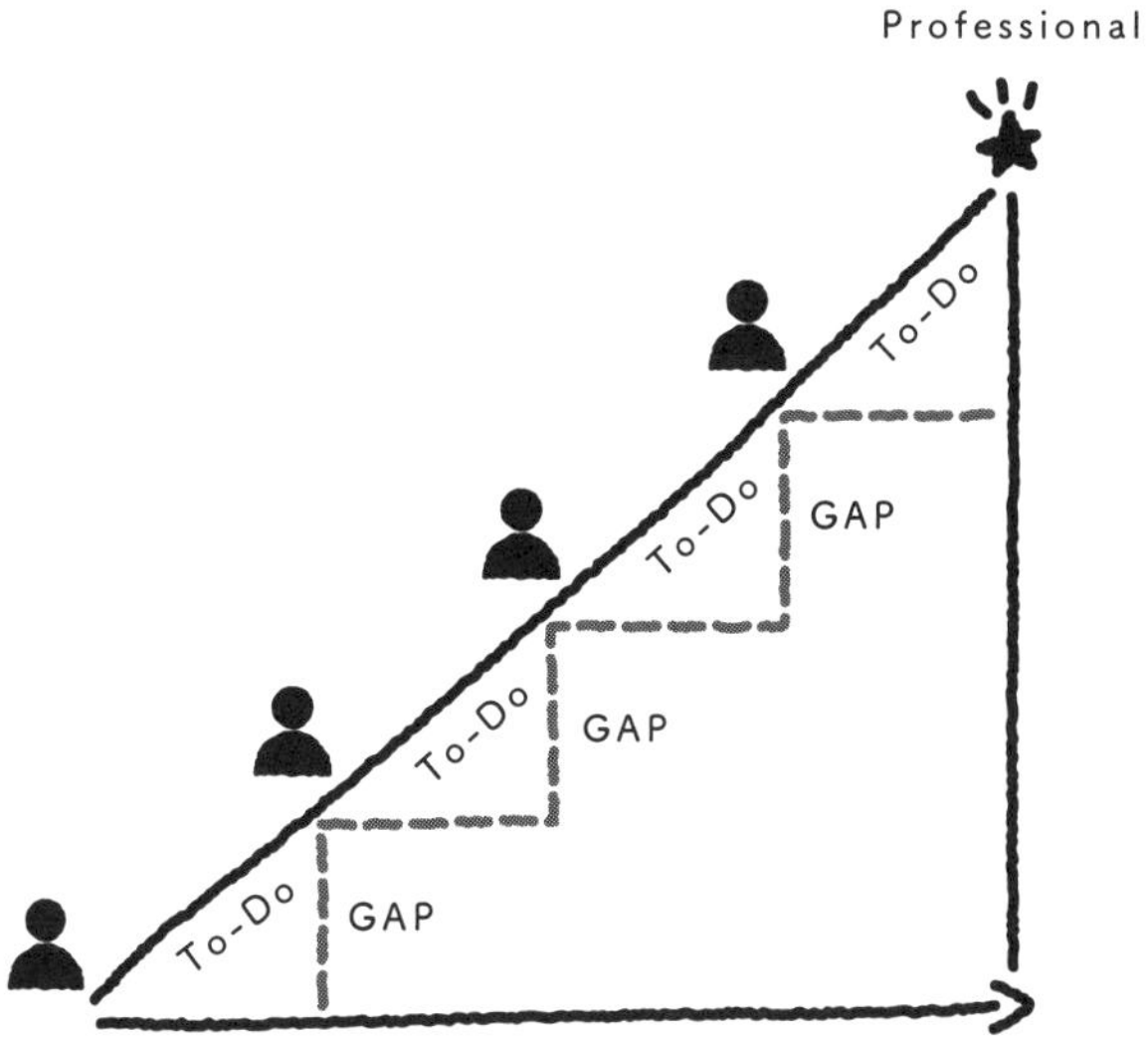

継続的に実践する

CONSULTANT CODE

14

自分のアスピレーションと仕事の達成目標をすり合わせていく

アスピレーションとは、一般的には、「熱望・願望・大志」と訳され、ビジネスシーンにおいては、達成したい事柄に対する想いや向上心の意味で用いられるが、ここで言う「自分のアスピレーション」とは、端的に言えば、**「社会に対してどのような価値創出をしていきたいか」**ということである。

つまりそれは社会や顧客をはじめとした他者が価値を感じるものでなければならない。

多くの心理学者が述べているように、人間の深い喜びは、他者への貢献にあり、深い喜びを目標におくことで、自己成長のためのエネルギーが生産される。だから、**①自分が価値を感じるもの∧②他人の価値∧③社会の価値**と考える必要がある。

新人コンサルタントは、「自分が価値を感じ、仕事を通じて、手に入れたいと思っているものはこれだ」まではクリアに述べられるが、それがどうクライアントや社会の役に立つのかまでは考え抜かれていないまま思考停止していることが多い。

職業人格の話に限って言えば、①の思考停止状態でアスピレーションとするのは間違っている。端的に言えば、それは、**自分の考えや欲を優先して、誰かに不利益を押し付ける**ことだからだ。①＝②＝③となる目的の明確化が必要である。

本来は先に、自分のアスピレーション、すなわち自分は社会に対してどのような価値創出をしていきたいかを考え、そこから、自分の仕事上の達成目標を立てていくべきだが、コンサルタントに限らず、社会人になって間もないうちは、明確なアスピレーションを持っている人は少ない。このため、スキルを熟成していく過程で、アスピレーションの明確化も行っていく。

自分は何のために働き、何を達成するために社会人をやっているのか、社会に対してどのような価値を還元するつもりなのか、具体的に言語化してみるのである。

そして、とにかく具体的な目標をセットする。たとえば、自分がやりたいビジネスがあるなら、そのターゲットや差別化ポイント、価格設定や値段、それがどのような問題を解決するかなど、具体的にイメージしてノートなどに書いておく。

目標がセットできない場合は、**時間軸を短くして考える**。来月に何を達成したいか、三ヶ月後に何を達成したいか……。それが社会・産業・クライアントのためであればよい。とにかく工夫して**目標を言語化する**。

そして、**仕事を通じて達成したいアスピレーションと普段の仕事のベクトルが合っていることを確認する**。合っていなければ、ベクトルの方向のズレがどういう意味をなしているのかを明確にする（それが言語化できていれば、ずれていることは何の問題でもない）。

「やりたいことがない」「まずはスキルを身につけてから」「自分には無理」といった**逃げの言動はしない**。目標を立てると言ったら立てる。目標が出てこないのであれば、出てくるまで自己分析を繰り返す。

プロフェッショナルとしてのマインドセットやスキルを体得することはあくまで、目的を達成するための手段であり、**目的がはっきりすることで、その手段をこなしていくスピードも質も上がっていく**、このことを忘れずに、取り組む。

2

コンサルタントの基本所作
ビジネスマナー編

クライアントから値踏みされる存在であるという認識を持つ

15

CONSULTANT CODE

クライアントもリスクをとってコンサルタントに投資している。したがって、クライアントは、リスクをとってまで雇ったコンサルタントに対して、**まず「検品」する。**検品の結果、不良品と判定されれば、即返品となる。

クライアントのコンサルタントに対する「検品の軸」は、**①コスト　②見た目　③話の通じる度合い（＝成果物のクオリティ）の三つ**であり、かつ、この順番で品定めする。

この検品の軸を通り抜けてはじめて、クライアントはバリアなく関係を構築してくれるのである。

CONSULTANT CODE

16

コンサルタントに対する評価軸の一番手は、ROIである

コストを払っているクライアントとの関係で気をつけるべきは、Give and Takeではなく、常にGiveであるということだ。**Take した瞬間、クライアントにとってのコストが上がり、ROI（Return On Investment＝投資対効果）のバー（採算分岐点）も上がる。**

検品される際の評価軸の一番手であるコストとは、**支払っているコストに対する正当性**である。そして、まずはコンサルタントの日常行動が、支払ったコストに対して適正なものかを評価される。

コンサルタントは、**クライアントにとって、コストパフォーマンスが最適な存在**でなければいけない。それは、**コンサルタント個人の行動が、クライアントにとって無駄金でないという証明**であり、すべての行動をＲＯＩの視点で説明できることである。

以下に挙げた行動は、「うちの会社が払っている金でやっていることだよね」とクライアントに解釈されることであり、コスト面で検品される（返品につながりやすい）ポイントだ。やらないのが得策である。

× 業務中のタバコ
× 業務中のタクシー移動
× 高級品を持つ
× 有給休暇をとる
× 飲み会に行く
× ミーティングでアウトプットが出てこない
× 会議室やケータリングなどをクライアントに手配させる
× 会議で無言

やらないのが得策だが、どうしてもやりたいのであれば、**自己のリスクでやる（文句を言われても周りは助けない）**。その際、クライアントに見えないようにやる、または嘘でもいいから成果を出しているように見せる努力が必要だ。たとえば、次のように。

□ 業務中のタバコ⬇クライアントと一緒に行き、インプットを聞き出す。
□ 業務中のタクシー移動⬇車中で仕事するためにタクシーに乗る。
□ 高級品を持つ⬇基本見せない。
□ 有給休暇をとる⬇クライアントに軽々しく言わない。
□ 飲み会に行く⬇平日は、クライアントとのつき合い以外は知られないように。
□ ミーティングでアウトプットが出てこない⬇これはダメ。返品やむなし。
□ 会議室やケータリングなどをクライアントに手配させる⬇こちらで手配。
□ 会議で無言⬇なら出ないほうがよい。

CONSULTANT CODE

17

「見た目」に関して、リスクをとってはいけない

コストの次に検品される評価軸である「見た目」は、話題にしやすい分、ツッコミどころ満載なので、**見た目に関するリスクは絶対にとるべきでない**。特に服装、髪型、持ち物には死ぬほど気を遣う。具体的には、後述する「相手を不快にする行動を理解する」を参照すること。コンサルも投資銀行も上層部にいくほど服装が地味になるのはこのためである。

見た目でリスクをとる人の典型は、**人のスタンダードと自分のスタンダードのズレに気づいていないこと**である。そのズレに気づかないことは、直せないことより悪であり、即刻、矯正すべきである。

CONSULTANT CODE

18

初期の段階で、「こいつ、使えるな」と思われなければならない

最後の検品評価軸である「話の通じる度合い」は、シンプルに言えば、**「こいつ、使えるな」と思わせられるかということ**である。クライアント側の意思決定者は、社内の人員が使えないから、コンサルを使うわけであり、使えないコンサルなど無用だ。社内の人員の人件費の何倍もの料金をとられるのだから、さらにその何倍ものアウトプットを期待している。

「こいつ、使えるな」と思わせる有効手段は、**とにかくクライアントからもらったインプット（話していたことや、整理できていないこと）のアウトプット化**をスピーディに、かつ正確に行うことである。

特に**初期の討議段階であればあるほど有効**だ。議論の初期段階では、クライアントでさえも理解していない複雑な状況にある。裏を返せば、多少間違っていても（それをベースに整理できるので）、極論、よいと言える。このため、リスクが低い。

また、このアウトプット化という作業は、クライアントに、自分の話を聞いてくれているという安心感をも同時に与えられる。これまで**言いたいことが伝わらなくて悩んでいたクライアントにとって、話を理解してくれる人は非常に貴重で、重宝する存在だ**。クライアントの言葉を丁寧に拾ってまとめるべきである。

ここで挙げている所作は、普段のミーティング等の後に行うであろう、複雑に絡まった状況の論点整理等と通ずるところがあり、**プロジェクトの初期に限らず、いつでもやるべきこと**である（論点整理することがポイント。ただ「聞いています」ではない）。

なお、自分が検品されないと感じる際は、クライアント側の**責任者・発注者とファーム側のMD（マネージングディレクター）の間でプロジェクトがあらかじめ成立**しており、**MDが、クライアントからの検品プロセスの防波堤になっている、**と理解する。

つまり、実際に稼働するコンサルタントが誰であっても、その案件は進行する。残念だが、「きみは検品するに値しない存在である」ということである。

ただし、それは誰もが通る道であり、**そこで感じる悔しさや不甲斐なさをバネに、腐らずに成長を目指せばよい。**素直に、自力がないこと、課題があることを認めるのである。

余談だが、結局、**インターナル（ファーム内部）でも、上司と部下の間で、クライアントによるものと同様の検品プロセスが走っている。**クライアントに対するすべてのリスクを負うのがMDなのだから、新人コンサルタントも本質的には、インターナルにおいても、この上司による検品プロセスをクリアする必要がある。

CONSULTANT CODE

19

相手を不快にする行動を理解する

ビジネスで**最悪なのは、無意識にリスクのある行動をとること**である。

つまり、ビジネス上で自分がとる行動は、一定の合理性や考えに基づいて行われるべきであり、何も考えずにボケっと行わないことはプロフェッショナルの基本である。

そこまで考えて行動できないというのなら、「相手の不快感につながるリスクがある行動を理解する」のが早い。次ページに、それらを列挙する。これらをやらなければ不快にするリスクはない。

見た目・服装・所作に関する不快な行動

× タバコ
× 泥酔・明らかな二日酔い
× 不衛生に見える髪型・服装
× ビジネスにそぐわない髪型・服装
× 遅刻・欠席
× 自分の話ばかりする、話を被せる、マウンティング
× 子供っぽさ丸出しの振る舞いや言葉遣い
× プライベート感丸出しの振る舞いや言葉遣い
× 内輪ネタで盛り上がる
× 相手との基準のズレに気づかないこと、気づいていない振りをすること

デリバリー（プロジェクト＝案件の遂行）上で発生しがちな不快な行動

× ミーティングでの指摘が、次の回までに反映されない（金払っているのに……）
× 同じ資料が使い回される（金払っているのに……）
× 言ったことが即実行されない（金払っているのに……）
× 「○○が課題です」と資料上で書く・言う（そんなのわかってるわ……）
× クライアントの発言のスルー（え、勇気出して言ったのに……）
× ミーティング中のPCパチパチ（え、聞いてる？　目合わないけど……）
× メールだけのコミュニケーション（忙しくて見る暇ないです……）
× 長文メール（忙しくて見る暇ないです……）
× 深夜・土日の断りなしの連絡（土日は土日でやることあります……）
× 資料の直前送付＆「送りましたが」発言（見られるわけない上に正当化？）
× メールでの謝罪（ミスはいいよ、でも謝罪がメール？）
× ミーティングでの挨拶なし（え、人間の基本じゃない？）
× オンラインミーティングでの顔出しなし（え、遊んでるの？）
× 事後報告（先に言ってよ……）

CONSULTANT CODE

20

相手を不快にさせないためのアクションをルーティン化する

前項に挙げた内容は、**変えればよい・やめればよい**だけの話であり、仕事においては、つべこべ言わずに改める。

次に挙げた事柄については、正解のアクションも加えたので、それを徹底してやり込む。

□ 指摘された事項➡その日中に反映して、資料をクライアントに送る。

□ 資料の使い回し➡ミーティングのアジェンダ・論点を見直す。

□ 言ったことが則実行されない➡言われたことを全部メモし、やる。

□ 資料や発言の「課題です」➡資料は修正、発言は挑戦すべきことに換言。

□ 発言のスルー➡リアクションを決めておく。「興味深いですね……」とか。

□ PCパチパチ➡ノートに書く。

□ メールコミュニケーション➡送る前に立ち話か電話で簡潔にサマリーを。

□ 長文メール➡送らない。下書きで見直して、ポイントを電話する。

□ 深夜・土日➡メールは送信予約で。どうしてもの場合は金曜に断りを。

□ 資料の直前送付➡締切を決める&WG（ワーキンググループ＝現場のアナリストのチーム）の説明資料程度なら口頭説明でカバーする。

・朝一のミーティング資料は、前日15時までに1回、完成版は前日中に送る
・午前中のミーティング資料は、前日18時までに1回、完成版は前日中に送る
・午後のミーティング資料は、朝10時までに完成版を送る
・目を通す時間はないなと思ったら、ミーティングで丁寧に説明する
（事前に送りましたが……という自身の行為の正当化発言はＮＧ）

□　謝罪➡Walk Talk Write（出向いて、話して、書く）。メールは最後。まずは対面で。
□　ミーティング時の挨拶➡すればよい。雑談に発展したらラッキーくらいに。
□　オンライン顔出し➡すればよい。化粧していなくても、顔出ししたほうがよい。できない理由があるならチャットで断りを入れる（電波問題とか移動中とか）。
□　事後報告➡事前にすればよい。

ここまでの内容はビジネスパーソンとしてのセルフディシプリン（自己規律、自己鍛錬）の範疇であり、**やれるようになったところで、誰からも褒められない。ただし、できている人がトップコンサルのティア（階層）にいる**ことは間違いない。

3

コンサルタントの基本所作
コンサルティングワーク入門編

CONSULTANT CODE

21

誠実に仕事と向き合う

成長するビジネスパーソンに共通している人格は、**素直で、明るくて、行動力を伴っているということだ**。このような人格の持ち主は、仕事に取り組む際に、誠実さが相手に伝わり、多くの仕事が集まるようになる。

逆にこれを欠いていては、コンサルスキルをどれだけ耳学問的に集めたところで、自分の中で吸収することはできない。したがって、コンサルティングワークで成長を目指す大前提は、**誠実に仕事に向き合う**ということである。これは、コンサルに限らず、すべての仕事に共通することであろう。

CONSULTANT CODE

22

コンサルティングの仕事の成立構造を理解する

コンサルタントの仕事は、高額なフィーであるコンサルティングファームを利用してでも成し遂げたい何かを持ったクライアントがいるから成立している。つまり、**クライアントの「何か」＝バーニングプラットフォームがすべての起点**である。

バーニングプラットフォームとは、文字通り「燃え盛る足場」という意味だ。1988年、北海の石油生産プラットフォームで起こった大規模な爆発事故に由来する。229人中、生存者は、わずか62名。かれらは、15階の高さから、20分と命が持たないであろう極寒の海に飛び込み、無事、救助された。「なぜ、飛び込む決断ができたのか？」という質問に対し、生存者の一人は答えたという。

「飛び込まなければ焼け死んでいたから」

そのとき、彼らには、「絶対に死ぬ」か「死ぬかもしれない」の二つの選択肢しかなかった。逃げ場がなかったわけだ。高額なフィーを支払ってでもコンサルを雇う企業は、まさにそういう状態に直面していることが多い。

逆に言えば、クライアントのそういう危機感を刺激するプレゼンができなければ、契約にはもっていけない。提案が通らない理由の大半は、競合に負けることではなく、提案の方向が違っていたことにある。クライアントのバーニングプラットフォームではないところに向けての提案をしてしまった、別にそんなこと、高いお金をかけて今すぐやらなくてもいいよ、というところに向けての提案をしてしまったがゆえに、通らなかったのだ。

ここで注意すべきは、企業の課題という建前の裏には、必ず、発注責任者の個人的な課題が潜んでいる、ということだ。青臭い目標や使命感を言葉では発するが、その言葉の裏側には**パーソナルな課題や、成し遂げたい事項**が紐づいている場合が多い。

正しい提案をして、バーニングプラットフォームの持ち主に、「こいつらに頼めば自分の野望を達成することができる」と思わせることができればこそ、コンサルの仕事は成立する。思わせる力は、営業（セールス）するMD（マネージングディレクター）の個人の力量で決まる。

つまり、**MD個人の力量でとってきた仕事を、チームの力で付加価値を乗せてデリバリー(プロジェクト案件の遂行。アウトプットの納品)するのがコンサルの仕事の構造である。**デリバリーにおいて、チームの力で価値を生めなければ、仕事をとってきたMDの信頼が失墜することになる。

個の力が集合することで、その和以上のパワーを発揮するのがチーム力である。**個々人が相互を尊重しながら、力を融合させてよいものを作るという意識で、連携・コラボレーション**しなければならない。

CONSULTANT CODE

23

クライアントにとっての付加価値を理解する

プロジェクトを通じてクライアントが求めているものは、主に二つだ。

一つは、**コンテンツ（提案内容）を通じたＷｏｗ**（知らないこと、想像を超えること。脱平均、超具体、複雑性の言語化、思考の明晰化）、もう一つは**答え**である。

これらは、クライアントが考え抜いても出ないからコンサルを雇っているわけであり、コンサルタントが出すＷｏｗなコンテンツと答えは、**クライアントのそれを超越していなければ意味がない。**

その超越こそがクライアントが感じる付加価値であるが、コンサルタントが出すコンテンツや答えがクライアントのそれを超越するには、**インプットの量と質で差をつける以外にない。**

クライアントが絶対に入手できないインプットを得られるかどうかがすべてである。具体的には、**クライアントがアクセスできない情報（競合や海外の知見等）へのアクセス、処理できないボリュームのデータ解析だ。**

それらのインプットが論理的・構造的に整理され、スピーディに分析され、答えが提案されるから、価値となる。アプローチや論理的・構造的整理そのものに価値があるわけではない。

CONSULTANT CODE

24

クライアントにとっての付加価値を出すための
インプットを集める

コンサルの仕事は、大きく、セールスとデリバリーの二つに分かれる。デリバリーというのは、プロジェクト（案件）の遂行で、一般的にイメージされるコンサルタントの仕事である。そして、そのプロジェクトを獲得するための活動がセールスであり、昇進して、MD（マネージングディレクター）、あるいはパートナーになると、ほとんどの仕事がこのセールスとなる。そして、MDは、自分でとってきたプロジェクトの最終責任者として、デリバリーにも大いに関わる。

ここで、MDは、**クライアントにとって何が価値になるか＝優先順位の高い課題は何か？を常に意識している**。すなわち、現場スタッフがクライアントにとって付加価値の高いコンテンツを作るためには、**MDから絶えずインプットを得るのが鉄則**である。

その際は、とにかく**クライアントの意図・思考背景・発言ログなどを掘り下げ、クライアントが何を得たいと考えているかを徹底的に聞く**。

ここで注意すべきは、ＭＤが得た課題と現場の検討の間に、ズレが生じる場合があるということだ。ファーム側の現場スタッフが、クライアント側の現場スタッフにヒアリングしているうちに、クライアント側の現場スタッフの利益代弁者となってしまっているようなケースは少なくない。

この場合、ファーム側の現場スタッフは、クライアント側の現場スタッフの視座を上層部、経営層のそれに合わせるようにリードする必要がある。**決して現場の検討に迎合してはいけない。**現場に迎合して上層部の意図を外してしまうと、**容赦なくコンサルタントが刺される。**

問題解決は、**最も重要かつ難易度が高いものから着手すべき**だが、問題の重要度を勘や肌感で理解しているのはクライアント側の経営層である。現場スタッフに迎合して、**それを外すと一気に信頼が失われる**ということだ。

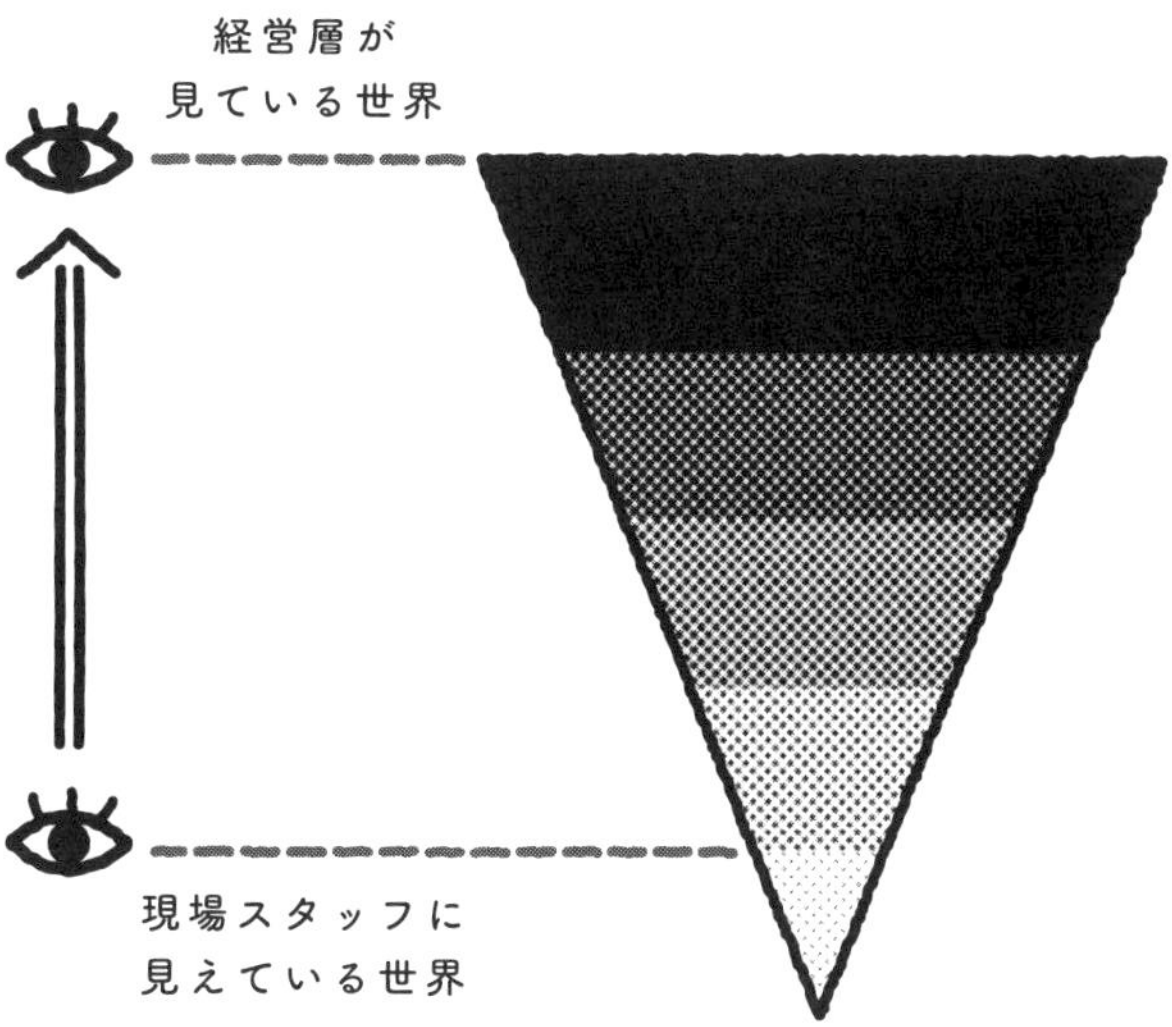

視座を引き上げるのが
コンサルタントの仕事

CONSULTANT CODE

25

生み出した付加価値をアウトプット化する

生み出した付加価値は、**コンテンツ（提案内容）としてアウトプット化（パワポなどの形にする）**して、クライアントに納品する。その際は、クライアントがそのまま**社内資料に使える資料形式にする**のがベストだ。

クライアントから、「そうそう、こういう議論がしたかったんだよ」「これで整理できた、この資料ちょうだい」といった反応があれば、それはよい反応だ。無論、少し間違っていても、Better than nothing。ないよりマシだ。修正によって信頼や距離が詰まる。

アウトプットとしての資料は一般に、次のような基本構造にある。

①答えを書く
②構造化する
③磨き上げる

次に、この構造で原稿を作成していくにあたって注意すべきことを挙げておこう。一般企業においても、企画書や営業資料の執筆等に役立つはずだ。

答えを書く

さ◉ 作業はＮＧ（How ではなく What ＝プロセスではなく結論）

し◉ 示唆はあるか？（脱一般論）

す◉ すごみはあるか？（自分たちならではの提言）

せ◉ 攻めの表現が基本（脱弱気・脱曖昧表現）

そ◉ 総花に価値なし（両論併記ではなく、軸＆スタンスを取るべし）

構造化する

ま◉ 真っ直ぐなストーリー（起承転結・シンプル）

み◉ 見出しは不要（構造化の甘さの表れ）

む◉ 無理ない階層感（インデント（字下げ）は二階層までで整合性がとれるように）

め◉ 明確な根拠を示せ（Whatに連なるWhyを示せ）

も◉ 目的・ゴールを埋め込め（Whatの方向性を決定づける）

磨き上げる

あ◉ 相手に寄り添う（略語・多義的表現の排除）

か◉ 必ず主語を盛り込む（主体者を明確にする）

さ◉ 些末な情報は不要（根拠や例示は代表例のみで冗長性を排除）

た◉ 端的な表現を心がける（一文字でも少なく）

な◉ 何度でも資料を社内外の識者・顧客に事前に見せて、フィードバックをもらう

CONSULTANT CODE

26

クライアントにとって無価値なことを理解する

クライアントが経営層に近ければ近いほど、コンサルティングには、「Ｗｏｗ」よりも「答え」が期待される。経営者にとっては、答え以外、無価値なことと思っていたほうがいい。どんなに新しい情報であっても、それが**会社としてとるべきアクション・答えにつながっていなければ無価値に等しいのだ。**

さらに**主語がクライアント以外にある事柄にも価値がない。特にコンサルファーム側で独自に掲げている主義や都合**などは、クライアントにとっては全く価値がない。コンサルタントの価値は、クライアントあってのことであり、主語がずれることはＮＧである。

クライアントに対してチームで動いている輪の中で、**個人（自分自身）を主語にした動きは絶対にとるべきではない。個人の夢、都合、機会などを仕事上で重要なものとしてよいのは、クライアントに対する奉仕が終わってから**だ。

仕事の中で、誰かが個人を優先してしまうと、他の人が何かを犠牲にする、あるいは差し出すことになる。そうしないと、全体として品質を保ちながら、業務を達成することができないからだ。

個人の優先は、他人の犠牲を強いるものと理解しなくてはならない。

わたし自身、若い頃、「（金曜夜に）飲み会があるので土曜に作業します」と言ったら、「俺に土日働けって言っているの？」と当時のＳＭ（シニアマネージャー）に詰められた。

金曜の飲み会に行きたければ、週中にコンテンツのレビューをもらい、自分の土日の時間を削ってクオリティを高め、当日は自分でプレゼンして蜂の巣になる覚悟で臨むのが正解……とそれ以降は考えている。

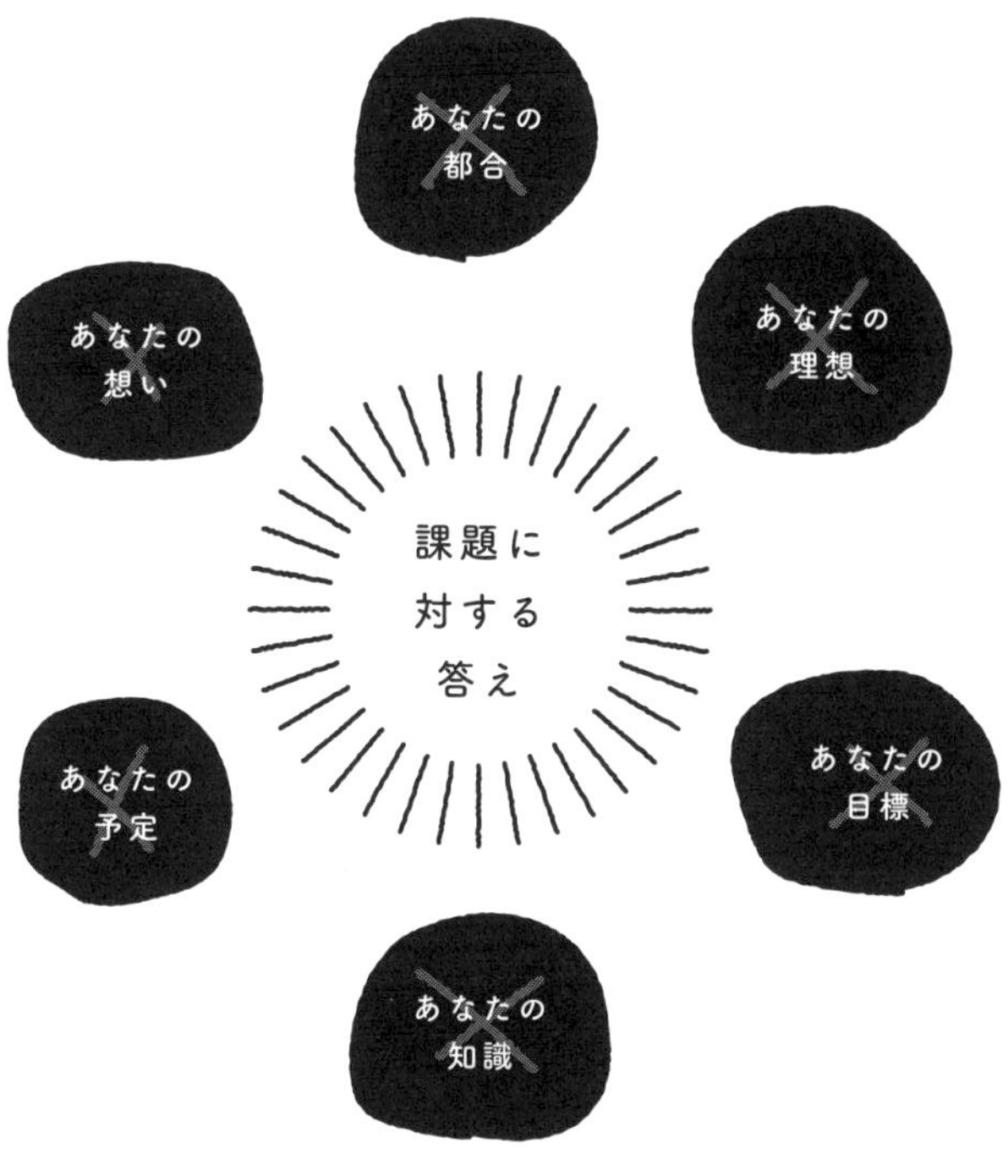
あなたの都合
あなたの想い
あなたの理想
課題に対する答え
あなたの予定
あなたの目標
あなたの知識

4

コンサルタントの基本所作
ミーティング編

CONSULTANT CODE

27

デリバリーエクセレンスを体得する

デリバリーエクセレンスとは、「質の高いプロジェクト遂行」の意である。

デリバリーエクセレンスを体得しなければならない理由は、ＭＤが**ＢＤ（Business Development＝売上を上げる）とＲＤ（Relation Development＝クライアントからの信頼を得る）に費やす時間を生み出すためだ。**

コンサルティングというビジネスモデルにおいては、**セールスをしない限り、ビジネスは終焉する。**チームの給料を払うこともできないし、経費を捻出することもできない。大手のファームでは、セールスできないＭＤがクビになる。そして、ＭＤのセールスの時間を生み出すためには、現場のコンサルタントが、デリバリーエクセレンス、すなわち、質の高いプロジェクト遂行をすることが、必須である。

つまり、若手コンサルタントにとっては、一日も早くデリバリーエクセレンスを体得することが、ＭＤをフォローすることであり、それが何よりＭＤならびにファーム全体への貢献につながると理解する。

と同時に、ＭＤは、デリバリーに対する責任も負っている。ただし、その仕事内容は現場のワークとは全く質が異なり、**キーマンとのリレーション構築、ならびに、意図の探り当て、ＳＣ（Steering Committee＝意思決定の場）におけるディレクションなどである。**

裏を返せば、ＭＤが自ら、コンテンツクオリティの高度化、スライド作成、作業・タスク処理など、現場仕事の指導や監督に降りなければならない状態は、セールスショート（受注案件の枯渇）や、プロジェクトクオリティの低下のような極めて危険な状況をファームにもたらす。

ましてや、ＭＤが、本来はマネージャーやコンサルタントの仕事であること（タスクそのものや現場の管理、進行管理など）までやらざるを得ない「仕事を巻き取る」という状態までいってしまっているとすると、リスクを負ってでも自分でやったほうが早いという判断をＭＤがしているということであり、それは、ＭＤにとってもファームにとっても最もよくない状態である。

以上のような状態を避けるためにも、若手コンサルタントは一日も早くデリバリーエクセレンスを体得しなければならない。それが、強い**コンサルチーム作りに不可欠だ。**

要するに、自分がやるべきことを確実に行う。**上がやることでも、自分にできることはやる**、ということだ。そうやって、上位の人の負担を減らすことで、上位の人は、より重要な仕事、すなわち、クライアントと信頼関係を築き（RD）、新しい案件を受注し売上を上げる（BD）ことに時間を使うことができるようになるから、結果として、チームに貢献することができるのだ。自分の仕事を上にやらせることになるのはもってのほか。論外だ。

では、そのような仕事の仕方、ここで言うデリバリーエクセレンスをどのように体得するのか？

累積実践時間が習熟のドライバー（要因）だ。とにかく正しいやり方で体得に向けて日々行動するしかない。地道な筋トレだ。これが重要である。

CONSULTANT CODE

28

クライアントミーティングでの基本所作を実践する

クライアントとのミーティングで最もダメなのは、アウトカム（何らかの結果、成果）のないミーティングだ。時間投下に対する成果を明確にして臨むことが重要だ。

クライアントミーティングの炎上（クライアントからのダメ出しで、合意が得られないまま終わる）を怖がるべきではない。意見の相違はあって然るべきだし、コンサルとしてのスタンスをとる必然がある。

ただし、**回避できたはずの指摘による炎上は絶対に回避する。**ロジミス（ロジスティック上のミス。コンサルで言うロジスティックとは、段取りを指す）、誤字脱字等の指摘、前回指摘に対する対応の不備、コンテンツ品質の低さへの指摘は、ただの準備不足によるものである。

そういった指摘に対しては、反論せずに、すぐにコンテンツ（提案資料）を引き下げて持って帰ってくることだ。

では、スケジュールの調整から終了後のラップアップ（まとめ）まで、クライアントミーティングにおける基本所作を見ていこう。コンサルタント以外でも、クライアントとのミーティング運営の基本マニュアルとして役立つと思う。

❶ミーティングを調整する

□ クライアントとミーティング調整する際、最低限のマナーとして、ミーティングの目的・趣旨・出席必須者の情報を伝えた上で日程調整を行う。

□ 日程調整をする際は、**必ずクライアントから候補日を出してもらう**。こちらの都合を優先して決めることはしない。

□ ミーティングの**インビテーション、オンラインリンクなどはこちらから**送る。

□ **インビテーションのタイトル**は、どのクライアントで、どの契約で、誰が出るのかが、タイトルを見ただけで誰でもわかり、さらに**重要度もパッと見てわかるようにしておく**こと。

・訪問 or オンライン

・クライアントのアブリビエーションコード（略号　ＡＢＣやＦＭＳなど適宜）
・ミーティングタイトル（週次定例、ＳＣ事前、ＳＣ本番等）
・クライアントの参加者名　キーマンから順に
・インターナル（自社側）の参加者名　上位者から順に

エクスターナルＭＴＧの例

例：〈訪問〉ＡＢＣ週次定例　ＦＭＳ／本田・加藤・中村さん

インターナルＭＴＧの例

例：〈オンライン〉ＡＢＣ　１／26田中様訪問事前ＭＴＧ　本田・加藤・中村さん／ＦＭＳ：高橋・木全さん

□　インビテーションの送付は、**ミーティングオーナーが責任を持って行う**のが原則。

□　特に、新しいクライアントの場合には、前日にロジ（段取り）を確認するなど、調整は念を入れて徹底的に行う。

❷ミーティング資料を準備する

- □ ミーティングが設定されたら、インターナルミーティングを経ながら、資料作成を行っていく。
- □ ミーティング資料は、**少なくとも前日までに完成させておく**こと。ミーティングの前日に資料を展開するのが望ましい。
- □ SC（Steering Committee ＝意思決定の場）のメンバーやエグゼクティブ向けには、そもそも**資料の体裁から気を使う**べし。大きさ、カラー、ホチキスの留め方、すべて好みがある。
- □ 先方に秘書がついている場合、どういう印刷方式がよいかは秘書に確認するとよい。
- □ 印刷は基本的にこちらでやって行くのが筋である。

❸ミーティングに待機する

□ **クライアントを待たせない**ことが鉄則。オンラインの場合、開始5分前には会議室に入り、配布資料や機材の設定等を済ませておく。

□ オンラインの場合は少なくとも開始時刻までにはオンライン環境に入り、顔を出して準備をしておく。

□ 席順などもあらかじめ決めておく。**コンテンツについて説明する者が真ん中／モニター前に座る。**

□ ミーティングルームでは、相手にとっての印象がよいように、クライアントが入ってくるまで座らない。入ってきたら挨拶し、相手側が座ってから、こちらも座る。

□ 名刺交換などが想定される場合は、ミーティングルームに入る前に準備しておく（相手が準備していたらすぐに出せるように）。

❹ミーティングを始める

□ 挨拶、近況伺い、アイスブレイクなど、**ミーティングコンテンツ以外の話**をちゃんと入れる（相手が求めているかどうかを見極めた上で）。

□ 逆に相手から振られたら**全力で乗るのが礼儀**。ミーティングが雑談で一回飛んだところで、何の問題もない。

□ アイスブレイクは、ミーティング全体で相手の満足を得るためのツールとして行う。自分の話や共通の話題で盛り上げられる話術があればそれもよい。なければ、**相手が喜ぶ話題を振る**（自分の話は控えめでよい）。

□ 相手が喜ぶ話題とは、相手が喋りたい話題である。**相手の好き嫌いがわかっていればそれを、そうでなければ日常からの変化等について、真剣に興味を持っている素振りで**話を振る。

□ 雑談の苦手な人は、定型の質問文をいくつか準備しておく。たとえば、「いつもお洒落でいらっしゃいますね。ネクタイはどのようにお選びになるんですか？」など。

□ 一定程度のアイスブレイクなどが済んだら、トーンを変えてミーティングに入る。その際、**Set the Scene（これまでの状況説明・確認）を口頭で伝える。すなわち、何のためのミーティングか、ゴールは何か、主要論点は何かなど。**資料の冒頭に背景・目的を書いているのは、そのための頭の整理。

□ Set the Sceneを伝えたときの**反応をよく見ておく。**怪訝な顔、理解していない顔、忘れている顔が見えたら、認識がずれているのかもしれない。何か言いたいことがある可能性が高い。適宜質問をしてみる。

❺ミーティング本編を始める

□ クライアントは、人生の貴重な時間を、こちらの依頼に基づいてミーティングに捧げている。よって、**クライアントにとって満足度の高いミーティングを運営する**のがコンサルタントの一番大事な使命である。

□ クライアントの満足度は、**クライアント自身の話量で決まる。** つまりミーティング設計で大事なのは、クライアントに何を喋らせるか。ここを起点にミーティングのシミュレーションを行う必要がある。

□ クライアントに気持ちよく喋ってもらうには、クライアントが最も喋りたいテーマ＝今、頭の中で一番考えていて、とにかく**口に出してアウトプットしたいと思っているテーマを質問で振る**のが鉄則だ。

☐ **資料や説明に対して、「ご意見はありますか?」「抜け漏れはありますか?」といった投げかけはしない。**基本的にこちらの説明を瞬時に理解して意見を述べるほど、人の頭はよくはない。また、抜け漏れは、たとえクライアントからの情報の漏れから生じるものだとしても、**こちらの責任で資料上、担保されるべき**なので、聞くこと自体、無駄である。

☐ クライアントから話が出てきたら、とにかく聞いている姿勢を見せる。**発言中は相手の目を見て、丁寧にメモをとり、聞いた内容について丁寧に深掘りする**(言いたいことは何か、背景意図を掘り下げる)。

☐ 話が盛り上がり、想定以上にクライアントからインプットがもらえたら、ラップアップ(最後の仕上げ、要約とまとめ)としてしっかりと論点リストを更新する。どの論点に対してどういったクライアントの意図や意思があるか、その構造的整理をしておく。

❻ミーティングを進める

□ ミーティングでは、**①共通のファクトをベースに、②導出された論点に合意し、③その論点に関する仮説を議論する**のが、スタンダードな雛形。すべてのクライアントコミュニケーションは、この順番で、相互の理解形成を進めていく必要がある。

□ すべてのミーティングにおいて、ファクトのすり合わせは丁寧に行わなければならない。**情報としてファクト8割、論点・仮説2割**のイメージである。

□ **ファクトがすり合わないと、論点がすり合うこともない**。だからこそ、**SCQ（Situation ＝状況　Complication ＝複雑化　Question ＝問いと主張）構成**を強く意識すべき。

□ **S（Situation ＝状況）・C（Complication ＝複雑化）**はとにかくファクトを積み上げる。ファクトについては、誰もNOとは言わない。ミーティングの冒頭に述べるのは理にかなっている。リサーチ、他社事例、ヒアリング事項の整理などについては、誰もNOとは言わない。これらによって、S（Situation）とC（Complication）をばっちり書く。

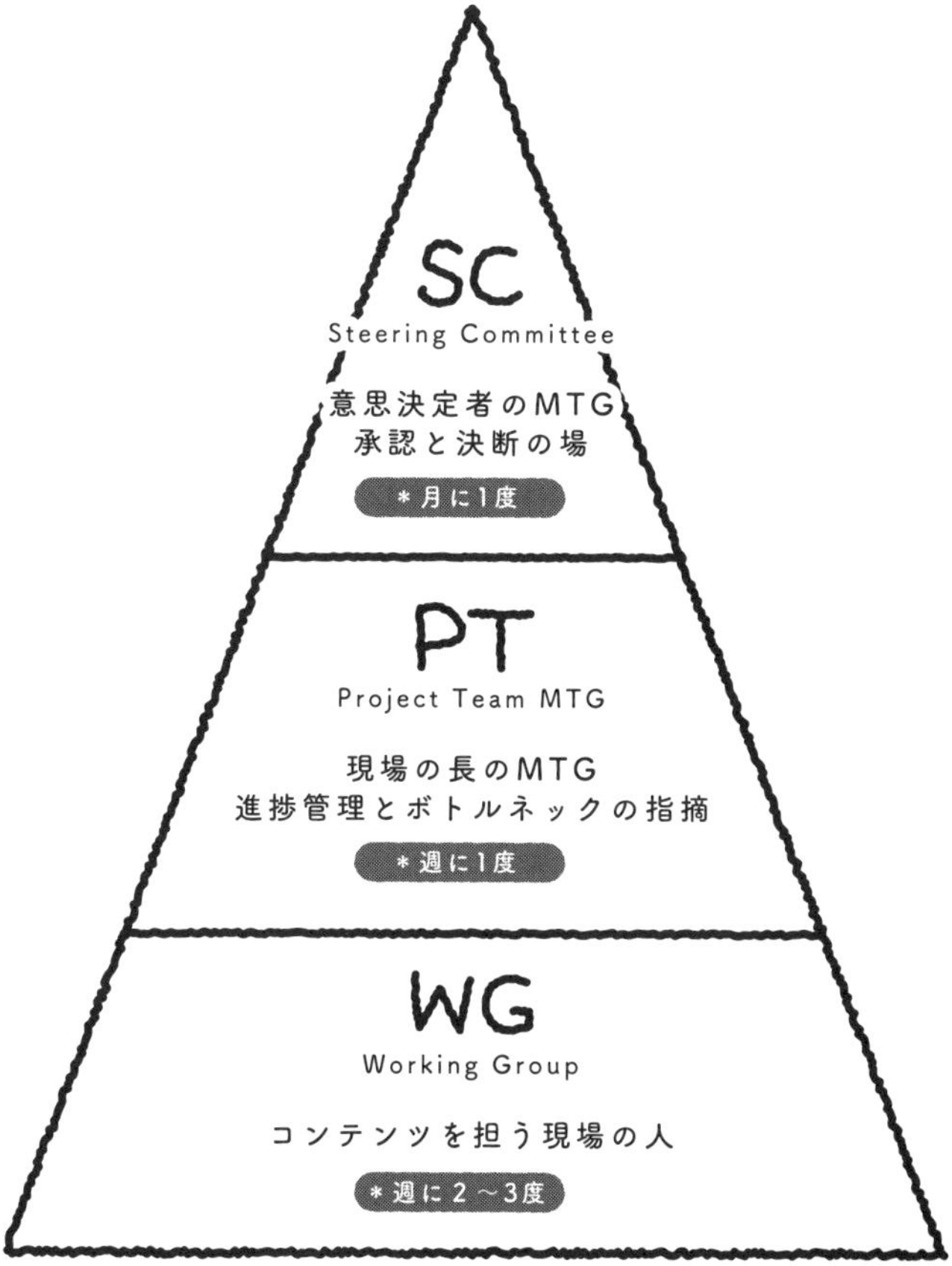

クライアントミーティングの種類

❼資料構成についての反省点を肝に銘じる

□どんなに構成がしっかりしていても、**こちらの説明が多ければ多いほど、相手に理解されなくなる。**ミーティング中は、**資料説明は4割、残り6割は相手に話させること**を常に意識し、そのボリュームの資料構成で臨む。

□**資料が多い、文字が多い、難しい単語を使っている、見栄えが悪い**というだけで、人は説明を聞いてくれなくなる。資料説明を4割にとどめるために、**コンテンツの削ぎ落としを行う。**

- 不用意な（なくても通ずる、ないほうが正確）形容詞・形容動詞
- 紋切型の表現（TVや雑誌などの表現方法）
- 主語・述語の乖離　等

詳しくは、『コンサル脳を鍛える』中村健太郎著（BOW&PARTNERS刊）を参照

□ 以上は、ミーティングが始まってからは修正できないが、次回のミーティングのための資料作成に、反省点を活かす。

□ プロジェクト中にインプットが増えたらS（Situation）・C（Complication）を見直し、論点のアップデートを随時行う。S・Cが日常的にアップデートされ、重要な論点が日々入れ替わるのが、新規テーマを扱う際の問題解決の健全な姿である。

❽ミーティング議事録を作成する

□　議事録作成は、ミーティングオーナーの責任で行う。議事録作成作業を振られた人は、**作成した議事録をミーティングのオーナーと確認し、レビュー&ファイナライズ（仕上げ）まで行う**必要がある。

□　ミーティングのオーナーは、ＳＣ（ステアリング・コミッティ）であればＭＤ（マネージングディレクター）、普段のＷＧ（ワーキンググループ　129ページ参照）であればコンテンツをリードするリーダーポジションのメンバーが行い、彼らが議事録の作成責任を負うことになる。

□　議事録は、所定のフォーマットで記載する。
・ミーティング日時・出席者・タイトル
・ミーティングの目的、主要論点

・議論のハイライト、合意事項のサマリー
・ミーティングを経てアップデートされた論点
・発言録の詳細

□ 議事録は、**会議の内容を踏まえて、論点を整理するためのツール**である。つまり、論点のアップデートがなければ意味がない（議事録の作りが悪いか、会議の仕切りが悪いか）。

□ 実際に議事録作成を作業するメンバーは、レビューをしてもらうミーティングオーナーと、アップデートされた論点についてしっかりと検証・確認し、それを展開する。

❾クライアントの発言のメモをとる

□　議事録とは別に、**会議中は必ずノートにメモをとる。**メモをとるべきことは、**会議中のクライアントやバイヤーのキーとなる発言である。**まずは、発言をそのままメモする。

□　メモはノートにするのが鉄則。**タイピングは、あらゆる角度から相手に対して不快感を与える**のでNG。紙のノートか、タブレットの手書きツールを使う。

□　発言は、**聞いたままを書く。自分の解釈を入れてはいけない。**クライアントの発言の真意が何かを意識しながら、発言を聞いたまま書き留めていく。

・お勧めは**ノートを左右に分け、左に発言をそのまま、右に真意を想像してメモする**

・言いづらいことややりたいこと、上から言われていることなど、事情があれば

あるほど、意図を隠した発言になる

・その際は遠慮なく聞く（「発言の意図を正しく理解したいのですが……」「私の理解のために……」といった枕詞を持っておくとよい）

□ ミーティングのノートはしっかりと保管し、すぐに参照できるようにしておく（意外と後のインターナルミーティングで参照したくなるものである）。

⑩ミーティング後、個人のラップアップをする

□ ミーティングが終わったら、すぐにアクションアイテムをTo－Doリストに移管し、チームと自分のアクションを詳細に書き留める。

□ 個人のラップアップ（ミーティングのまとめ・要約）は個人でしっかりと行い、ここでまとめたものをチームのラップアップに持っていく。

□ 個人のラップアップ時間を鑑みて、30分のミーティングは25分終了、60分のミーティングは50分終了を心がける。

□ ラップアップ時間を考慮せずに、ミーティングを連続して行うことは、生産性低下につながるリスクがあるので避ける。

クライアントミーティングの基本所作

❶ ミーティングを調整する

❷ ミーティング資料を準備する

❸ ミーティングに待機する

❹ ミーティングを始める

❺ ミーティング本編を始める

❻ ミーティングを進める

❼ 資料構成についての反省点を肝に銘じる

❽ ミーティング議事録を作成する

❾ クライアントの発言のメモをとる

⇓

❿ 個人のラップアップをする

CONSULTANT CODE

29

インターナルミーティングの基本所作を実践する

インターナルミーティング、つまり社内のミーティングの目的は、すべてクライアントに提供するコンテンツを磨き上げるためにある。そのために、プロジェクト内のさまざまなチームリーダーからインプットを得る。MD（マネージングディレクター）やマネージャーがミーティングに入り、インプットが得られることもある。**レビューの場や議論の場ではない**。そうであれば別途設定がいる。

すべてのミーティングがそうであるように、インターナルミーティングでも、**あらかじめどのようなアジェンダで、何に関する論点を話したいかは、入念に準備をして臨む必要がある**。

ミーティングの成果は、準備量に比例する。

一般企業では、社内ミーティングは、とかく生産性の低さの元凶とされがちである。実際、参加するメンバーの時間投下量に比してアウトカム（成果）の少ない会議も少なくないようだ。コンサルタント以外でも、このマニュアルが役立つ部分も少なくないと思う。

❶インターナルミーティングを調整する

ミーティング調整は、コンテンツを作るコンサルタントのチームリーダーの役割で、**クライアントに提示するコンテンツの品質を高めるために実施する。**

クライアントとのミーティングが決まったらすぐに、関係者を入れたインターナルミーティングを調整する。多くの場合、ＭＤ（マネージングディレクター）のＥＡ（Executive Assistant＝秘書）経由となるため、ＥＡと情報を共有しながらミーティングの調整を行う。

インターナルミーティングの最大の成果は、**チームリーダーに、適切なインプットが適切なタイミングで入る**ことである。したがって、インターナルミーティングの調整は、機械的にやるのではなく、チームリーダーが**意図を持って行う**必要がある。

よくないのは、コンテンツが燃えた（クライアントからダメ出しを受けた）からと、追加追加で入れるようなインターナルミーティングの組み方だ。そもそも忙しいＭＤのスケジュールを押さえるのは難しい。それを待っているとタイミングを逸してしまう。

あらかじめ、そうした事態の発生にも備えたスケジューリングが重要だ。それ次第で、チーム全体の生産性が変わってくる。

❷インターナルミーティングを準備する

インターナルミーティングは、コストの高いコンサルタントが集まるミーティングである。したがって、**無駄に使う時間は1分たりともない**ものと考える。

ミーティングを無駄に終わらせるかどうかは、ミーティングの主催者であるチームリーダーにかかっている。チームリーダーは以下の観点で準備をして臨まなければならない。

これは、どんな企業のどんなミーティングにも共通することである。

- このミーティングの目的は何か？
- その目的を達成するためにインプットすべき情報は何か？
- インプットした結果、どんなアウトプットを得たいのか？

クライアントに向けたプロジェクトワークをしているわけなので、インターナルミーティングのアジェンダは大きく言えば、プロジェクトと**クライアントに関する新たなインプットの共有、論点の合意、仮説の討議、ミーティングに向けた準備のディレクション（方向性の決定）に収斂される**はずである。

それ以外は高いコストをかけたインターナルミーティングで話すアジェンダではない（たとえば作成した資料のレビュー等）。

ミーティングに際しては、自分が発言することを、テキストメモでよいから言語化した状態で準備する。

さらに、**議論するための練習もする**。事前に仮説を構築しておくなどのことは当然のことで、それをミーティング中に構造的に（ロジックツリー化して）、共有・伝達するためのシミュレーションも行っておく。そして、そのシミュレーションどおりにミーティングを進める。

❸インターナルミーティングを行う

現場のコンサルタントにとって、インターナルミーティングは、基本、自分に対するインプットの場である。したがって、**フィードバックやディレクションを聞く際は、「聞く頭」にして聞くこと。**

聞く頭とは、言われたことを素直に聞くための頭の使い方で、訓練がいる聞き方である。たとえば、指示の先にある作業やアウトプットイメージの想像、上司から言われていることと現場の意見の乖離、そもそも言われていることに対する疑問点など、頭を落ち着かせて聞く必要がある。

とにかく**素直にフィードバックやディレクションを受け入れられる頭の使い方**ができないと、インターナルミーティングは意味がない。

したがって、クライアントミーティングと同様に、常に必ず**ノートをとる。**

なお、指摘・ディレクションされたことのアウトプットの確認としてインターナルミーティングを使うことは、生産性の観点からよくない。新人のうちは、小まめにＳＶ（スーパーバイザー）に連携してもらいつつ、アウトプットの確認は別の機会に行う。

5

コンサルタントの基本所作
コミュニケーション・タスク処理編

CONSULTANT CODE

30

業務上のコミュニケーションのパターンを理解する

ビジネスにおけるコミュニケーションとは、正しい情報を相手に伝え、相手の行動を促すための情報伝達である。ビジネスにおいて、現状は毎日変わる。だからこそ**現状がどうなっているかを高い頻度で共有しておくこと**がコミュニケーションの鉄則である。

よく「報・連・相」と言われるが、この観点からも、**最も重要なのは「報告」であると**言える。報告は重ねれば重ねるほど、安心につながり、果ては信用・信頼につながる。

「報・連・相」と一概に言っても、

- **報告は下位から上位へ**
- **連絡は位関係なく全員に**
- **相談は同位者同士の間での情報のやり取り**

であり、**下位のメンバーから上位メンバーへのコミュニケーションは、多くの場合、「報告」であり、その内容は「提案」**でなければならない。

上位へのコミュニケーションが、単なる確認であれば、確認事項を明確にした上で、ロジカルに簡潔に伝えるべきである。

CONSULTANT CODE

31

即レス必須！

返信は、即レスが基本である。

メール、電話、チャットツールを介したコミュニケーション……。**何に対しても、即レスすることが大事**だ。作業中であっても、いったんレスポンスしてから作業に戻る癖をつける。

コミュニケーションは質より頻度だ。

すぐに返せない場合は、**すぐに返せないことを伝える。**電話が来てもとれない場合などに備え、ＳＭＳの定型文にしておくとよい。

なお、チャットツールの👍はレスとは言えない。特に指示に対する、👍は、確認したのか、理解したのかわからない。言葉で反応するのが筋というものだ。

CONSULTANT CODE

32

上位者から下位者への「依頼」は、「指示」である

上位者から下位者への「依頼」は、どんなに丁寧に行われたとしても、「指示」である。指示とは、**下位者が断るというオプションのない業務上のコミュニケーションであり**、上位者が力を持つコミュニケーションであることを認識していなければならない。

指示において、上位者は、**下位者が抱えている作業やタスクのボリュームを気にしてはいけない**。なぜなら、指示＝優先順位の高い作業を渡しているということであり、**指示している時点で、作業の優先順位の入れ替えが示唆されている**からである。

指示において上位者が最も気をつけるべきことは、**下位者と目標を共有しているという意識を示すこと**である。下位者に対する作業指示は、何か一つの成果物を協力して作るということであり、自分が抱えているタスクの丸投げではない。

したがって上位者は、**課題の単位（成果を因数分解した単位）で依頼・指示を発する必要**があり、原則として、作業を切り出して渡すことをしてはならない。

たとえば、「企画のビジネスケースを挙げる」という指示が課題の単位での指示、「エクセルのフォーマットを作る」「数値投入」といった指示が作業を切り出した指示である。

課題の単位で指示することと、作業の単位で指示の進捗を見守ることは全く違う作業だ。上位者から下位者へ指示する際は、**課題単位で指示をしつつ、スキルレベルに応じて作業の単位で進捗を見守る**ことが必要である。

上位者にとって、下位者は、常に自分の依頼どおりに動いてくれる相手である。したがって、**感謝の心**を持たずして接することは、絶対にすべきではない。

また、下位者を入れることによって、アウトプットまでの道のりが遠くなるといった意識も持つべきではない。たとえ一つの作業がうまくいかずとも、**その次にお互いが改善をし合って、うまくいくようにすればよい**ことであり、それがチーム力につながる。

コンサルファームで上位者のポジションに就く限り、**チームで力・パフォーマンスを発揮できるようにすることが必要不可欠なスキル**である。このことをしかと認識して、常にそれを実践しなければならない。

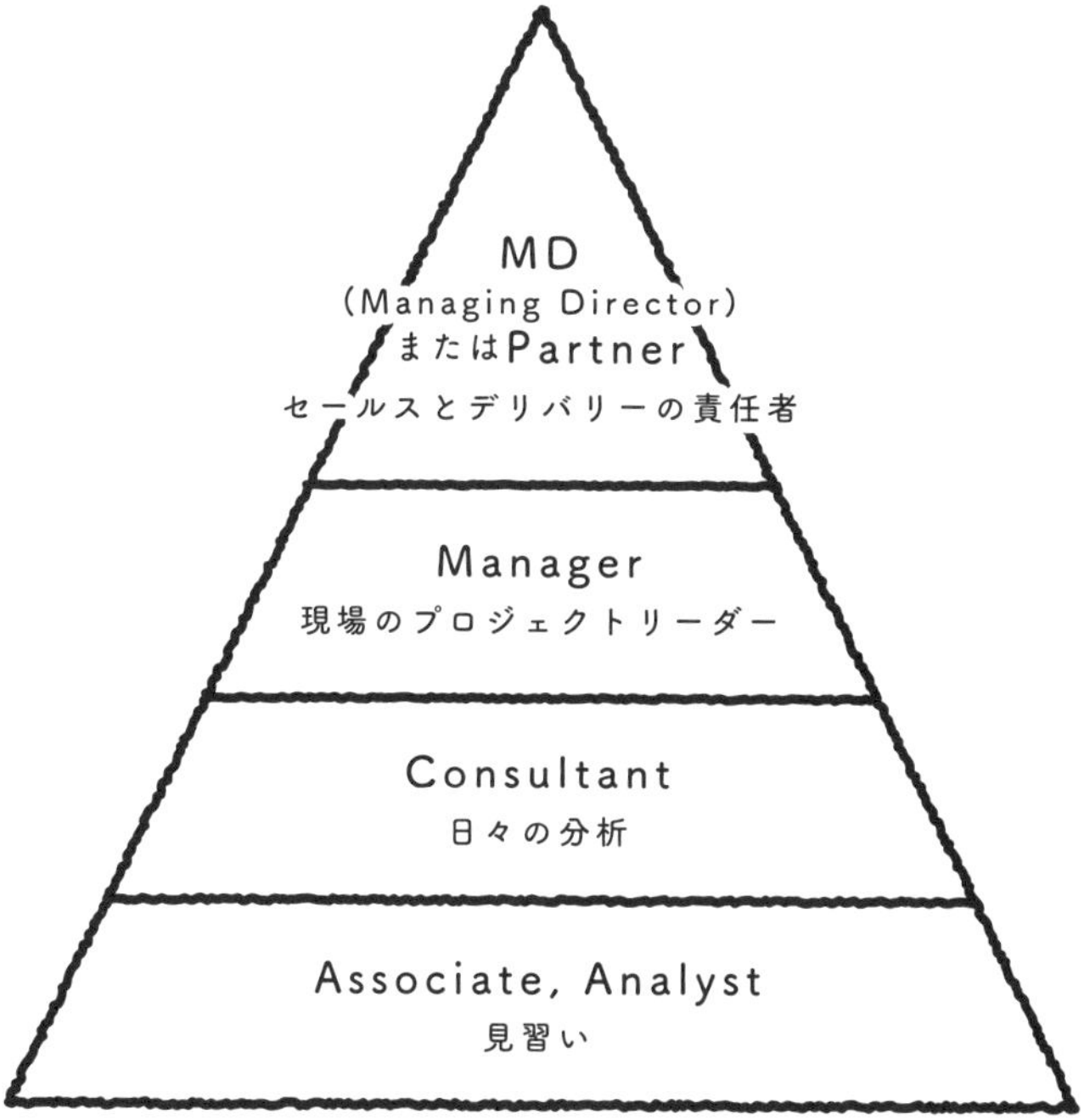

コンサルファームの階層

CONSULTANT CODE

33

指示を受けたら、素直に受け取り謙虚に取り組む

指示を受けた下位者は、その**指示をこなすことを依頼されている**と認識して、素直に指示を受け取り、謙虚に取り組む必要がある。その際、**指示内容を理解する以外のコミュニケーションは、上位者に対してすべきではない。**

・拒絶反応：「作業が増えた」「朝令暮改だ」など指示に対するネガティブな反応をする
・意図詮索：「その指示の背景は？」「この作業の意味は？」など、指示の意図がわからないと動かないという反応をする

上位者が下位者に対して行う指示は、**最も大事な点を伝えて簡潔に行われている。指示に対する答えは、「言われたことをやる」こと**なので、下位者は自分が何をすべきかを理解し、即行動するべきである。

作業の背景や意図は大切ではあるが、**背景や意図が理解できないと作業ができないということはない。**言われた指示をこなしてから、またはこなす過程で自らも考え、アウトプットとともに、**上位者が持っている意図とすり合わせて、理解を深めていけばよい。**

コミュニケーション・チャネルを使い分ける

CONSULTANT CODE

34

コミュニケーションのチャネルは、**相手が心地よい／使いたいと思っているチャネルに固定**する。つまり相手によって変える。

最もよいチャネルはメール（時間が空いたときに一気に返せる）。**次によいのは、SMS／メッセージングアプリ**（スマホで確認できる）である。

Teams等のチャットツールは、オフラインの可能性があることや、そもそも登録チャンネルが多い上に確認の手間をとらせることから、重要な確認には向いてない。

また、**より重要な、クライアント等からの電話に出る機会を逸しないためにも、下位者から上位者への電話は、最低限に**抑える。

CONSULTANT CODE

35

上位者のアシスタントとのコミュニケーションの所作を知る

EA（Executive Assistant）は、文字どおりエグゼクティブのアシスタントであって、エグゼクティブ以外のアシスタントではない。このことを肝に銘じる必要がある。雇われている目的は、MDのEAなら主に**MDの時間捻出である。部下が自分の作業のアウトソーシング先として使ってはいけない。**

指示系統以外から、ミーティング調整を依頼する、印刷などのロジ周りをお願いする等はご法度である。彼らはあくまで、彼らがアシストしているMDからの指示のみに従う。

依頼事項は、クリスタルクリアに（明確に）行う。

たとえば、MDへのミーティング出席依頼であれば、ミーティング目的、インターナル／エクスターナル、時間、タイトル、先方出席者（キーパーソンが出るかどうかの明示）、当方出席者、リアル／オンライン、リアルの場合は先方オフィスビルの入館手続きの有無、事前ミーティング等の設定要否など、すべて伝えた上で、設定を依頼する。

ＥＡからの**メールでの問い合わせに対しては、基本即レス**する。問い合わせのほとんどは時間の確保に関する問い合わせで、メンバーがソフトブック（＝口約束程度の仮決め）した状態が続くと、それだけでクライアントミーティングの機会等を逃すことになる。

クライアント側のＥＡについては、プロジェクトが開始したら、即、名前と連絡先を把握する。把握したら、リスト化して、チームで共有などしておく。

クライアントのＥＡに対する気遣いは特に丁寧にやる。

クレームになるような態度は、先方のコンサル発注担当者にレポートが入る。

特にＮＧにつながりやすいのは、

・メールに対するレスなし
・曖昧な指示の大量の印刷依頼
・ファーム側のコンタクト先が都度変わる

といった行為。

メールは即レス、もしどうしても印刷等を依頼する場合は、カラー／モノクロ、両面／片面、部数などクリアに伝える。

ＥＡを通じて、クライアントのエグゼクティブがどういったフォーマットを好むかを聞くのも手である。

、ロジ設計の基本所作を知る

CONSULTANT CODE

36

クライアント帯同か否かにかかわらず、出張などの場合に必要となるロジ（段取り）設計も広義のコミュニケーション手段である。これは、たいてい若手の仕事であり、入念に行うべきことである。

ロジ設計の鉄則は、**食事の手配、移動手段の手配、ホテルの手配、コンテンツの準備であり、その順番で行っていく**必要がある（**顎・足・枕・コンテンツの順番**でやる）。

クライアント帯同の出張などの場合、事前に方針を固めつつ、最終的に仕上がったプランの確認を、出張に帯同するシニアメンバーと必ず行う。

ロジ手配マニュアル

□ 食事の手配は、出張の場合は特に重要である。食事は、多くのメンバーが、その現地に行って非日常を手軽に味わえるツールとして最も楽しみにしている分、出張を通じて最も印象に残る。

したがって、よい印象を残しておくことで、相手からも、また一緒に行きたいと言われる関係になれるので、とにかく手配は慎重に行う。

□ 食事を決める際、**最も信用できるのは現地の声**だ。現地に住んでいる人に、シーンや用途、ジャンルに応じたお勧めの店を聞いて、候補を選定する。現地に知り合いがいない場合は、現地のタクシー会社、観光協会などに電話して聞く。

クライアント帯同の場合は、二次会の手配も抜かりなくやるべきであり、そこまでの移動などのプランも完璧に押さえておく。

□ 出張時に限らず、普段から、会食等の手配が必要な場合に備えて、得意な店を用意しておくとよい。実際に数回足を運び、味、個室の有無などを知り尽くした店に連れていくのが、こちらのペースで会を進める上での鉄則である。

□ 移動手段の手配は、その土地ごとに、最も快適な手段を手配する。たとえばサンフランシスコに行くならUber、ニューヨークに行くならリムジン手配といった形だ。その土地ごとに最適な移動手段が決まっているので、それを手配する。

□ 移動手段の手配において重要なのは、**プライベート感と余裕**の二点である。プライベート感が出るほうが、時間に追われたりするストレスがかからないのでよい。余裕とは、席のキャパシティの余裕である。ギューギュー詰めなどは絶対にNGだ。

□ ホテルの手配は、クライアント帯同の場合、基本的にクライアントに任せる。**クライアントが泊まっているホテルよりも高いホテルに泊まることは心象が悪い**のでやめる。無難な選択は、同じホテルにすることである。

CONSULTANT CODE

37

To-Doリストの作成を習慣化する

Ｔｏ－Ｄｏリストは、ビジネスパーソンの必須アイテムだ。**Ｔｏ－Ｄｏリストを書き出すことは、それだけでタスクの半分が終わるくらい重要なこと**である。とにかくＴｏ－Ｄｏリストを作る癖をつける。

Ｔｏ－Ｄｏリストは、**とにかく具体的に書く**。誰がそのリストを見ても、やることのイメージが湧くくらい、具体的に書く。

Ｔｏ－Ｄｏリストは、すべて**ＩＰＯ（Input - Process - Output）の概念で整理**する。つまり、リストに**Process だけを書いても全く意味がない**。作業の In（発注元）と、作業の Out 先・期限を最低限書く。

ダメな例：〇〇の資料作成

よい例：中村さんから指示を受けた、〇〇の資料を、今週金曜4時までに作成し、ABC の木全さんに送付する

Ｔｏ－Ｄｏリストは常に見える化しておく。ＰＣ等に有益なツールを入れておくとよい。お勧めは Microsoft To Do だ。チーム間で共有ができるなど使い勝手がよい。

質の高い時間の使い方を徹底する

CONSULTANT CODE

38

時間は24時間、有限だ。**時間は量的には平等だが、質的に不平等**なものである。成長したければ、質の高い時間の消費をしなければならない。

質の高い時間の使い方というのは、**自分にとって負荷のかかる仕事に優先的に時間を使う**ということだ。上司やクライアントとの討議などがそれにあたる。

逆に、自分一人の作業にだらだらと時間を使うのは、負荷のかからない仕事に時間をかけているということなので、時間の使い方の質が低いと言える。

特にジュニアコンサルタントの時期は、アウトプットの出ない作業を延々と続けるようなことを起こしがちだ。作業時間については、自分で徹底的に管理するべきである。

自分で各タスクの時間目標を設定し、その時間内に終わらなければ他のやり方を探す、誰かに聞くなどのアクションをとる、といった運用が望ましい。

限られた時間を最大限アウトプットにつなげる動き方が身につくまでは、**機械的に作業をスケジューラーで管理する**など、ツールを活用することを推奨する。

6

コンサルタントの基本所作
デリバリー実践編

CONSULTANT CODE

39

Set the Scene を怠らない

いよいよ「デリバリー実践編」に入る。デリバリーとは、いわゆるコンサルティングのプロジェクト遂行そのものを指す。そしてここで扱うのは、プロジェクト案件の受注のための提案に伴う所作である。

そして、ここで言うSet the Sceneとは、今、私たちがここにいる理由、立ち位置の確認だ。現場で連続的に分析等を行っている若手にとっては当たり前のことでも、複数の案件を抱えたMDやクライアント側の上層部にとっては、常に自分たちが今どこにいるかを示してもらわないと直ちには理解できない。

クライアントもファーム側も、時間は有限であり、打ち合わせの目的・主旨・お互いの役割は事前にきちんと共有していなければならない。そのためには、アポをとる段階から、当日のミーティングの目的、主旨、段取りや出席者を確認しておく必要があるのだ。

クライアントは、(高額なフィーを投資すると決めたにもかかわらず) **こちらが思う以上に、案件に集中していないことが多い**。訪問前日には、しつこくても当日の段取りや出席者を再度確認しておいて損はない。さらに、打ち合わせ当日の冒頭では、再度紙に落として、「本日の目的」を明示し、出席者全員の目線を合わせる。

CONSULTANT CODE

40

相手の真意に気づくことに集中する

心構えとして、相手は自分の言っていること、思っていることをわかっていないと考えるべし。したがって、表層的な言葉を捉えるだけでなく、**どうしてその発言が出たかを考える（理由、要望、懸念）**。what（何を言っているか）よりwhy（なぜ言っているか）を明らかにする。

理想的にはミーティングにおける発言の背景はすべて理解したい。

また相手は得てして、本当に欲しいものもわかっていない。欲しいと言われたものをこちらが提示すると、いやいやそれではないと、本当に欲しかったものに気づいたりする。相手の想い・感情がわかったら口に出して繰り返し、クライアントと目線・課題意識を合わせる。

このためには、聞く8割・話す2割。相手が話し始めたら聞き、途中で話をさえぎらない**（用意した資料を全部説明することが価値ではない！）**。

相手の文脈で聞く、初心で聞く、自分をなくして聞くことだ。それ以外は、「聞く」とは言わない。引っかかっているところは、時間を気にせず集中して掘り下げる。

また、黙っている相手、引いている相手、そっぽを向いている相手、反発してくる相手ほど、早めに、そして集中的にコミュニケーションすべし（得てしてゴールへの近道となる）。

CONSULTANT CODE

41

クライアントの想い・懸念・アイデアは、文字化して、「クライアントへの理解」を明示的に示す

毎回のミーティングでは、前回のミーティングでクライアントが**繰り返して使った言葉・言い回しを紙に落として示しながら、振り返りを実施する**（言葉は相手への理解・尊敬の第一歩である）。

クライアントの発言を無視して、一方的に論理を提供しても誰も聞かない。前回クライアントが発した想い・懸念・アイデアを文字化して示すことで、相手は「コイツは俺の言うことをわかってくれる」と感じる。そう思われることが、最も簡単なクライアントの懐への入り込み方だ。

その結果として、**プロジェクトのスコープ（範囲）が変わったり、大きくなったりすることを恐れない**。総じてスコープを切って限定的にしているのは、コンサルファーム側である。ファーム側が、クライアントが解くべき問いを狭めている。

提案する主体（主語）が我々ファーム側から、クライアント側に変わることが理想である。

以上のことは、意識すれば誰でもできる。**Just Do It（あとはやるだけ）のことをやらないのは、怠慢**である。

Keep in Touch が命と心得よ

42

CONSULTANT CODE

Keep in Touchすなわち、常に連絡を絶やさず関係を保つことだ。

提案の成功率、すなわち案件を正式に受注できるかどうかはコンテンツの**質より接触頻度**に依存する。

提案前に最低二回はコンタクトする（手段は選ばない。飲み会も含めて、とにかく徹底的にフィジカルに会う頻度を担保する）。

最初に、信頼を勝ち取るために会う頻度、時間を惜しまないことだ。

提案に関わる**ROI（投資対効果）はあまり考えず、どんどん提案する。**

R（Return）として、案件の成就だけでなく、自社の宣伝、先方の発注担当者との関係性なども勘案すれば、よっぽど悪い案件でない限り、たとえ今回は受注できなくとも、ROIが見合わないことはない。

そして、無事受注し、一度関係を持ったクライアントとは、プロジェクト終了後も継続して接触する。接触を続けることで、相手に対する理解も深まり、次のプロジェクトの品質も上がり、やがては、自分を助ける人脈となる。

エキスパートを徹底活用する

クライアントは他業界のことは素直に聞くし、その話に圧倒的なインパクトを受けやすい。

提案本番はもちろんのこと、事前の打ち合わせでも、**必要で重要な情報と経験を有するエキスパート（専門家）に、積極的に同行を依頼**する。

ここでのスケジュール調整を怠ることは、キースライドの作成を怠ることと同じと心得るべし。

E字型コミュニケーションチームを組成する

Eは、漢字の三を縦棒で一気通貫に繋げている様子を示す。三は、階層（役職）を示す。上の一が上位者。下の一が下位者。真ん中の短い一が、中間層だ。相手の役職にこちらの階層も合わせてコミュニケーションをとるということである。

ここで、真ん中の短い一にあたるのがSM（シニアマネージャー）やM（マネージャー）だ。クライアント側の部課長に接する。**先方の上位者にはMD（マネージングディレクター）を、現場社員にはファーム側も現場のスタッフがコンタクトするようにする。**そして、インターナルミーティングで、それぞれの情報共有を徹底する。クライアント内で滞りがちな上下のコミュニケーションをこちら側で代替するのである。

特に、上位者である意思決定者のインテント（意図）の変化にちゃんとついていけるよう、各レイヤーで意思決定者がインプットされた情報をトレースしておく（正確になぞる）必要がある。

CONSULTANT CODE

45

圧倒的な品質の提案書を作成する

提案は、**キックオフやワークプランとは全く目的が違う。**

・我々は、このプロジェクトの重要さ・難しさを詳細に理解している
・我々なら、その難しさを解くことができる
・我々なら、御社の長年の悩みを解決できる

といったことを示し、「社内でやるより、他を使うより、早そう、すごそう、役に立ちそう」と思わせなければならない。

「そうそう（わかっているよ）、へー（知っていたことの背景には、そんなことがあったのか）、なるほど（知らなかった）」のリズムが重要。

相手にＷｏｗを与えるネタ（知らないこと、想像を超えること、脱平均・超具体、アナロジー）を意識的に配置し、クライアントを扇動する。

このために、提案の要諦である次の要素を磨き込む。

❶クライアントへの深い理解を示すこと

□ クライアントが事前のミーティング等で多用した単語・表現（比喩等）・スライドは、徹底して提案書に埋め込む。

□ クライアントへの理解を実態として深めることも重要だが、クライアントに**「このファームは我々の意見を汲み取ってくれている」と感じてもらうことが何よりも重要。**

□ クライアントは提案書の具体的なコンテンツの違いは、残念ながらファームが想定するほど認識していない。一方、クライアント側の立場や意見を聞いてくれるかは敏感に感じとる。Just Do It ただやるだけ、やればすむ領域なので徹底して実践することだ。

❷自分たちのファームの強み（提供価値）からフィードバックされた、この案件ならではのチャレンジ（挑戦すべき課題）・論点構造・検討アプローチが示されていること

□ プロジェクト遂行時に答えるべき論点・論点構造は、自分たちの強み（提供価値）からフィードバックされたものに練り上げることが重要である。

それにより、Why（＝なぜ、このファームに依頼するのか）がクライアントの中で腹落ちする。

❸シャープな（具体的・個別的な）仮説（答え）を示す

答えるべき論点を示すと同時に、**初期仮説が具体的に示されることで、クライアント側はプロジェクトのゴールを実感することが可能**となり、依頼することへの安心感が増すものである。

したがって、可能な限り、前述の「そうそう（わかっているよ）、へー（知っていたことの背景には、そんなことがあったのか）、なるほど（知らなかった）」の「なるほど（知らなかった）」領域まで踏み込むこと。

提案書のポイントは、インターナルミーティング用に一枚のサマリを作成する過程で、磨き込んでいく。

ポイントには、

・クライアント理解のすごさ、詳細さを書く
・本案件の難しさの理解の深さを書く
・シャープな仮説（知見の斬新さ）、自社の価値、アプローチを書く　等

❹提案書の構造は自社のものに合わせ、クオリティを担保する

たとえば、次のような構造で、全部でスライド20枚ぐらいに収める。

①本提案の背景：理解の深さを示す
②プロジェクトの提案（Result Statement）：自社が考えるプロジェクトのゴールの設定（How を超えた What など）をアピールする
③答えるべき問い・論点構造
④チャレンジ（挑戦すべきこと）と検討アプローチ（ここが肝）：難しさの理解と自社ならではの、解への到達アプローチ（方法・手段）を示す
⑤アプローチごとの仮説・検証ポイント（具体事例）
⑥成果物・詳細スケジュール
⑦体制・見積り
⑧自社ならではの提供価値

CONSULTANT CODE

46

提案書の記述にあたって、否定語は用いない

クライアントは、自らの立ち位置やできていないことは、言われなくても理解している。「できていない」➡「検討はこれから・緒に就いたばかり」「困難である」➡「大きなチャレンジ」「赤字」➡「収益化はこれからの状況」など、「プロジェクトをやっていこう」というポジティブな表現に徹底的にこだわるべし。

ディスカッション中の接続詞にも細心の注意を。「しかし」や「でも」は極力使わない。使った瞬間に、相手は否定されたと感じる。**「いただきました内容をハイライトするために対比して考えたいのですが」**、**「別の角度から捉えますと」**、など表現を工夫する。

否定語を使わないようにすることは、紙上の表現だけでなく、マインドセット（頭の中での独り言）、日常の会話の中でも常に意識するべし（クライアントとチームメンバーには簡単に見透かされる）。

CONSULTANT CODE

47

プレゼンの基本所作を実践する

提案本番のプレゼンの前に、インターナルで、当日のプレゼンの目的（引き出す場なのか、優先順位を決める場なのか、決めてもらう場なのか）、ニュアンスの意思統一（とにかくとるのか、価格が合わなければ受けないのか）、重要な点のすり合わせ（書いておくのは大前提だが、その上で、何を強調して伝えるのか）、さらに、誰がどの部分を話すかだけでなく、誰にどんなことを言ってもらうかのイメージ（これらを「ゲームプラン」という）をあらかじめ打ち合わせておく。

プレゼン当日も、いきなりプレゼンを始めるのは禁じ手。雑談スキルで場をあたためるべし。

このため、会議室に入ってすぐに資料を机に配布するのは控える。アイスブレイク、トーンセッティングをしてからとする。季節、ニュース、週末の出来事など、まずは、本題に入る前に場をあたためため、クライアントのテンションを含めたコンディションを確認する。

次に、プロフェッショナルとしてのプレゼンでの話し方のポイントを記しておく。コンサルに限らず、一般に通用するポイントである。

❶事実と意見は区別して話をし、打ち込みたいところは事実として訴求する

□ プレゼンでは、**事実と意見を区別して話す**（主語を明確にして話す）。

□ 重要なことは自分たちの意見としてではなく、**主語を競合や先進企業に置き換えて訴求（アピール）する**と効果的だ。

たとえば、次のように言う。

「御社にとって、よいか悪いかは別として、先進企業では、○○という改革は重要と捉えています」

「少なくとも取引先は、○○という変化を遂げようとしています（事実）。結果として、インパクトの大小はあれども御社にとっても対応は必須と考えます（意見）」

□ 自社としての意見を言うときも、当事者としての発言にすると、有効な場合が多い。

「デジタル事業を主体者として実行している弊社としては、数々の失敗をしており、そこからの学びとして、△△することが有用と考えます」

❷話す順番、話し方が非常に重要

□ 結論が先、次に理由を言う。

□ よい点が先。次に改善点や反論を言う。

□ 「ね」「させてください」「えー」は禁句。言わないのが大前提。

□ エキスパートのコメントからの示唆は、「〇〇と言っています」「〇〇と言っていました」ではなく、「エキスパートからの〇〇というコメントからも△△と言えます」と言う。

□ 「これこれこうしたいと思っています」と言うのは、コンサルタントとして明らかにおかしい。「かくかくしかじかなので、打ち手として△△を取るべきと考えます」と言う。

机上では限界がある。実践あるのみ

CONSULTANT CODE 48

すべて肌で感じることが重要である。実践あるのみ。

本書に用いられているコンサルが用いる用語・略語集

コンサルが使う言葉には、英語やアルファベットの略語が実に多い。言葉自体は難しくないのだが、たとえば、ロジは「段取り」であったり、デリバリーは「プロジェクトの遂行」であったり、通常とは大なり小なり異なる定義で用いられていることが非常に多い。「そんなこと、日本語で言えよ」と突っ込みたくなるものも少なくないだろう。

鼻につくこともあるかもしれないが、これは決して格好つけるために用いられるのではない。多くが、アメリカ本社で用いられているとおりの言葉で、それゆえ、たとえば、BCGとマッキンゼー、アクセンチュアで、同じことを指す用語が違っていたりする。そして、各社ごとに、その言葉の定義が厳密に決められている。そうしないと、全世界で、コンサルティングの質を担保するためのマニュアルが成立しない。言葉の定義がぼんやりとしたものだと、解釈の幅が広がる。各人が各人なりの解釈によって行動することになってしまうのだ。

ここでは、本書で、私が無意識のうちに使ってしまった用語を、本文中に括弧で説明を加えたものも含めて抽出した。いわゆる「コンサル用語」とされる言葉の一部ではあるが、ご参照いただきたい。

IPO（Input -Process -Output）

成果物を生み出すまでのプロセスを分解したフレームワーク。成果物の質や量を高める上で、Input（得ている情報）、Process（思考や計算など）、Output（資料作成や説明）のどこに課題があるのかなどを議論する際に用いる。

アウトプット

一般的には、仕事から生まれた成果物を指すが、コンサル業界では、パワーポイントの報告資料・エクセルの分析データ・議事録を指す。

アスピレーション

直訳すると「熱望」。ビジネスの文脈では、仕事を通じて個人が成し遂げたいこと、志などを指す。

アセット

もともとは、経済的な価値や換金性が高い資産（現預金や有価証券、不動産、生産機械など）を指すが、最近のマネジメントの分野で、資産、財産、資源、有用なもの、利点、長所など、経済的価値を正確には計上できないものまで含めて用いられることが多い。

アブリビエーションコード

株式銘柄で言えば、ティッカーシンボル、空港名でいえばＨＮＤ（羽田）、ＬＨＲ（ヒースロー）といった空港コードなど、複数単語の頭文字や長い単語の子音を二～四文字程度並べた略語のことで、コンサルの世界では多用される。

インターナル／インターナルミーティング（ＭＴＧ）

社内のこと。社内スタッフのみで行われる会議（インターナルミーティング）を略して、こう呼ぶこともある。

インビテーション

直訳すると「招待」だが、コンサルでは、Outlookでの会議召集を指す。多数の会議が開かれるファームでは、新人の仕事となることが多い。インビと略されることもある。

エクスターナル／エクスターナルミーティング（MTG）

社外、主にクライアントのこと。
出席者に社外メンバー、主にクライアント社員を含むミーティングのこと。

SC

Steering Committeeの略。運営委員会。ステコミとも呼ばれる。社内の人間と株主・顧客・事業パートナーなど外部の人間によって構成され、大規模なプロジェクトなどで利害調整や意思決定を行う場となる。

SCQ

Situation・Complication・Questionの略。コンサルがパワーポイントで資料を作成する際の基本中の基本のフレームワーク。状況（Situation）を観察し、その状況がどのような複雑化（Complication）を引き起こしているかを考え、その複雑化がどのような疑問（Question）を投げかけているかを明らかにする、という形で、「問題」を定義する。ピラミッド原則の発案者、バーバラ・ミントによって発案された。

開始時間シャープ

きっちりオンタイムで始めることを、このように表現することが多い。

キックオフ

プロジェクトの開始を指す。転じて、キックオフミーティングの略として使われることもある。

グレイヘア

一般には、白髪を指すが、転じて、年配者を示す。さらに転じて、コンサル業界では、マッキンゼーが世界ではじめて現在に通じる経営コンサルティングを始めたときのコンサルティングスタイルを指す。すなわち、当初、経営の大先輩たる年配者が、その経験と知見によって、クライアントの経営者のコンサルティングにあたっていたのである。

Client Interest

直訳すると「クライアントの利益」。マッキンゼーでは、Client interest first という標語が浸透しており、コンサルタントが実現する価値を語る際に用いられる。クライアントの言いなりではなく、あくまで利益を生み出すための支援をする、クライアントの利益につながることなら、泥臭いことも徹底して行う、といった文脈で用いられる。

クライアントワーク

クライアントからフィーをいただいて行っている仕事を指す。対義語はインターナルワークであり、こちらは労務管理や採用活動、広報といった社内向けの活動を指す。

クリスタルクリア

極めてわかりやすい、明白な状態のこと。

ゲームプラン

主にエクスターナルミーティングで、導きたい結論にたどり着くまでに、どのような出席者からどのような発言を引き出すか、そのためにチームの誰が出席して、どのような発言をするか、といった計画のこと。

コミュニケーション・タスク

主に、クライアントに対するコミュニケーションを行うことで解決する類のタスクのこと。交渉や説得、意思確認など。

コンテンツ

ここでは、クライアントへの提案内容を指す。

仕事を巻き取る

一般的なビジネス用語。他の人や他社が担当している仕事を代わりに行うことで、一般には、同僚や部下がやっていた仕事を緊急で上司が代わりにやることを指す。

シニアメンバー

プロジェクトチームのうち、マネージングディレクターおよびシニアマネージャーのこと。

SM（シニアマネージャー）

ファーム内の階層で、MD（マネージングディレクター）とM（マネージャー）の間に位置する。

Just Do It

あとはやるだけ、という状態。プロジェクトを推進するためにやるべきことが、具体的な作業レベルにまで落とし込まれていることを指す。

シャープな仮説（答え）

具体的で、個別的である仮説・答えのこと。曖昧で、人によって解釈がばらばらになりえるものであったり、類似企業すべてに当てはまったりするような内容になっていないこと。この「シャープ」という形容詞は、コンサルではしばしば用いられる。

ジュニアスタッフ

ファームにおける階層を示す言葉で、一般には、新人コンサルタントを指す。

スコープ

直訳すると「範囲」。プロジェクトを受注する際に、ファームが担う役割や解決する課題の範囲を指す。

SV（スーパーバイザー）

直訳すると、「監督者や管理者」。コンサルティング・プロジェクトにおいては、対象者に、論点やタスクを振り分け、アウトプットのレビューや修正を行う役割の人を指す。

Set the Scene

会議や話を始める前に行う、ここまでの状況説明のこと。参加者全員が現状についての共通認識を持つために行う。

絶望の谷

ダニング＝クルーガー効果と呼ばれる心理学の仮説において、「馬鹿の山」の次に訪れるとされる状態。知らないことがたくさんあることに気づき、自信を失っている状態。

セールス

プロジェクトを受注するための提案活動。一般的な営業とは大きく異なる。マネージングディレクター（パートナー）の主な活動となる。

セールスショート

期初に立てた売上目標に達していない状態のこと。

so what

直訳すると、「だから何?」の意。ファクトから出発して論理的に主張を組み立てる際に、手元にあるファクトから言えることは何か? と自問する際のコンサル定型の疑問文。

ソフトブック

営業の過程において、契約することをやんわりと口約束した段階のこと。対して、契約することが確実な場合はハードブックと言う。

チャレンジ

文字どおり「挑戦」だが、ファームでは必ず「チャレンジ」と英語で言う。

ティア

階級のこと。業界内の序列に基づいて複数の企業や人材をティア1、ティア2といった集団に分ける際に用いられる。

デリバリー

一般的には「配達」を示す言葉だが、コンサルにおいては、プロジェクトの遂行を意味する。作成したアウトプット（資料）をクライアントに配ることからきている。

ドライバー

コンサルタントの会話では、運転手ではなく、「要因」と訳す。課題や目的をツリー状に分解した際の末端に配置される要素のことを指す。狭義のドライバーは、多数存在するドライバーのうち、最も課題や目的に強い影響を及ぼす、または解決やコントロールするべきドライバーを指す。

トーンセッティング

ミーティングの冒頭に、ミーティングの目的を共有したり雰囲気づくりをしたり、参加者のコンディションを整えること。

バイヤー

一般的には、仕入れ担当者を指すが、コンサル業界では、企業側のプロジェクト案件の発注担当者を指す。

How を超えた What

直訳すれば、「どうやってやるか」ではなくまず「何をするか」。達成したい目的に対して行うべきことが What だとした場合に、What を実現する方法として複数考えられる手段のうちの一つが How にあたる。

馬鹿の山

ダニング＝クルーガー効果と呼ばれる心理学の仮説において、少々の知識や経験を身につけた段階で自己評価が過大に高まっている状態を指す。プロジェクト開始から一定期間が経って業界やクライアントについてある程度知識を持ったタイミングで陥りがちな状態。そうした際、後述のビギナーズマインドの重要性が語られることになる。

バーニングプラットフォーム

直訳すると、「燃えさかる足場」。何もしなければ好ましくない状態に陥ることが明確である状態、つまり緊急性を伴う課題を指す。

BD・RD

BDは、Business Developmentの略で、「売上を上げる」の意。RDは、Relation Developmentの略で、「クライアントからの信頼を得る」の意。ともに、MD（マネージングディレクター）の仕事そのものである。

ビギナーズマインド

マインドセットの一例で、過去の経験に囚われず何事もありのままに受け入れる初心者としての姿勢を指す。鈴木大拙と並んで欧米で広く知られる禅僧、鈴木俊隆の著書『禅マインド　ビギネナーズ・マインド』（サンガ刊）で、その内容が語られている。

ファイナライズ

直訳すると、「終わらせること」。資料を最終版としてアップデートする際に用いられる。

ファクト

主張の裏付けとなる客観的事実のこと。コンサルでは、これが必須。

ファクトベース

ロジカルシンキング（論理思考）の基本的な考え方で、事実（ファクト）に基づく（ベース）ことを意味する。つまり、事実に基づき思考するということで、コンサル業界で多用される。約100年前マッキンゼーは、年配者が自身の知見をもとに経営のアドバイスを行う「グレイヘア・コンサルティング」を始めたが、やがて、二十代の若者も強い説得力を発揮できるスキルとして「ファクトベース」によるコンサルティングを編み出し、世界中に広まった。

プロトコル

コンピューター用語で、コンピューター同士が情報のやり取りをする際に定められた手段やルールのことを指す。転じて、人間同士の会話において前提となる考え方を指す。会話がスムーズである／ない際に、背景知識ではなく考え方に要因がある場合に用いられる。

マインドセット

物の見方や価値観。考え方の基本的な枠組み。

マネージングディレクター（MD）

コンサルティングファームにおける階層を示す言葉で、プレジデントの下の最上位。案件受注のセールスから、コンテンツの納品まで、プロジェクトの最終責任者である。マッキンゼーでは、同じ職位にある者をパートナーと呼ぶ。ちなみに、プロジェクトごとの現場のリーダーは、「マネージャー」が務め、「コンサルタント」が分析を行う。

ラストマン

最終責任者のこと。

ラップアップ

会議や商談、打ち合わせで話したことを最後にまとめること。ファームでは、新人の重要な仕事の一つとなることが多い。会議の場合なら、議事録が主に会議内容の記録を目的とするのに対し、ラップアップは、参加者間の認識の齟齬をなくし、次のアクションに向かうために用いられる。

Result Statement

コンサルティングプロジェクトの提案時に、プロジェクト終了後に期待されるクライアントへの成果を説明するもの。

ロジ

ロジスティックの略。もともと軍事用語で、「戦闘部隊の後方支援として、人員・兵器・食料等の必要な物資をタイミングよく供給する仕組み」を意味しているが、現在、一般には、原材料調達から生産・販売に至るまでの物流、またはそれを管理する過程を示すことが多い。コンサルではより原義に近く、どこかに行くためのさまざまな「段取り」を示す。

ロジミス

段取りの不手際。

Ｗｏｗ

はじめて見聞きする意外な情報・考え方に触れた際の感嘆詞。転じて、「Ｗｏｗがある／ない」といった形で、成果物に含まれる「Ｗｏｗ」と言わせるような要素のことも指す。

ワークプラン

主にプロジェクト期間中に、どのような論点をどういう順番、どういうアプローチで解いていくのかをタスク・スケジュールに落とし込んだもの。

本書に用いられているコンサルが用いる用語・略語集

プロフェッショナルの評価
あとがきに代えて

コンサルタントの駆け出しの頃、「結果」か「経過」か、プロフェッショナルは何をもって評価されるのか、悩みました。

私が在籍していたファームでは、三日徹夜して作ったスライドが一瞬にして却下されたり、「アウトプットが出せなければ、寝ているのと同じ」などという言葉が行き交っていましたから、私も、「結果のみがプロフェッショナルを評価する唯一の指標」だと認識しておりました。

しかし、マネジャーに昇進し、チームをまとめ、成果物の責任を持つようになり、と、プロフェッショナルを追求していけばいくほど、その、結果がすべてという認識に違和感を覚えるようになりました。そして、その違和感は、私に高校時代のある体験を思い出させました。

それは、サッカー部での一人の非常に優れた選手の処遇問題です。

彼の実力は明らかに、他のプレーヤーからはるかに抜きん出ていましたが、タバコを吸ったことが発覚し、停学処分になりました。当時、サッカー部の副キャプテンをしていた私は、部としての意見をまとめて、彼の処分を決定する必要がありました。

退部？　二軍落ち？　処分なし？

当時の私たちのサッカー部は、部員数二百人を超える、全国大会行きを嘱望されていたチームでした。

「俺がタバコを吸ってプレーしても、他の奴よりずっとうまい。結果を出せば文句ないだろ？」

彼の言葉です。彼の言葉どおり、確かにチームが勝つためには彼が必要でした。そのため、結論を出すまでにずいぶん時間がかかりました。

結局、私たちは、彼の処分を退部としました。彼は、チームメイトから信頼を得ることができていなかったからです。

結果を出していた彼が、なぜチームから信頼や評価を得ることができなかったのか？

昔の記憶を振り返る私に、何気なく耳に入ってきた上司（ＭＤ＝マネージングディレクター）やクライアントの言葉が、答えのヒントをくれました。

それは、あるＭＤが私の同僚のマネジャーについて、「私は彼を非常に信頼している。彼をもってしてもできなかったら、私もあきらめるよ」と言ったことや、クライアントからいただいた「中村さんがやってだめなら、我々もあきらめがつきます」という言葉です。

その言葉を聞き、プロフェッショナル集団であるコンサルティングファーム（当時はＢＣＧ）も、それを構成する個々人も、必ずしも結果のみで評価されているわけではないと考えるようになりました。

そして、自分なりにこんな答えを持ち始めるようになりました。

「結果」は決して思いどおりにならない。その一方で、「経過」は自分の思いどおりに運べるものである。決して思いどおりにならない「結果」を得るために必要なのは、妥協なく追求した一つひとつの「経過（取り組み）」であり、その蓄積こそが信頼を呼び、そこに評価が生まれるのだ、と。

クライアントからの無茶とも言える要望を真摯に聞き、ときにはプライベートを犠牲にしてまでも対応する姿勢。クライアントから「調査中にあらゆる方面の業者に接触し拉致されそうになったと聞いたときは、ここまでやるのかと本当にびっくりしました」という言葉が出るまで行った調査。

それら一つひとつの妥協のない取り組みにこそ信頼が生まれ、それがプロフェッショナルとしての評価につながっているのです。

その一方で、タバコはもとより、自主練習にもほとんど姿を現さなかった高校時代のチームメイトは、日々の取り組みに妥協があり、最善を尽くしていなかった。それゆえ彼は、チーム内で信頼を得ることができなかった。つまり、チームから「プロフェッショナル」として評価されていなかったのです。

その後、役職が上がり、多くの若手コンサルタントと接する中で、その考えはさらに強化され、コンサルタントとして成長するために唯一必要なことは「行動」すること、才能や運、環境すら必要ないと考えるようになりました。

ただし、よい行動を続ける必要がある。行動するというマインドを持ち、「よい」行動を知ることができれば、すべての人がトップパフォーマーになれる。そう考えて、本書の筆を執りました。

最後になりますが、アクセンチュア時代からともにビジネスを創り、人を育成してきた木全さん（現在SPD代表）には、前著『コンサル脳を鍛える』と同様、本書の書籍化にあたり、多大なサポートをいただきましたことを、ここに、心から感謝申し上げます。
BOW BOOKS発行人の干場さんにも、前著に続き、編集の労を執っていただきました。この場を借りて、御礼申し上げます。

二〇二三年　春のゴールデンウィークに

中村健太郎

著者紹介

中村健太郎
なかむら けんたろう

株式会社FIELD MANAGEMENT STRATEGY　代表取締役社長CEO
エリース東京株式会社　代表取締役社長CEO
公益財団法人日本プロサッカーリーグ（Jリーグ）　ストラテジーダイレクター
学校法人西軽井沢学園　理事

1978年生まれ。中央大学卒業後、フューチャーシステムコンサルティング（現フューチャーアーキテクト）に入社。その後ローランド・ベルガーで戦略コンサルタント、ボストン コンサルティング グループ（BCG）でプリンシパルを務め、2016年アクセンチュアに転職。ストラテジーグループの通信・メディア・ハイテク業界のアジア太平洋・アフリカ・中東・トルコ地区統括やインダストリーコンサルティンググループ日本統括などのリーダーシップロールを歴任。2022年8月より現職。

BOW BOOKS 017

コンサル・コード
プロフェッショナルの行動規範48

発行日　2023年5月30日　第1刷

著者　中村健太郎
発行人　干場弓子
発行所　株式会社BOW&PARTNERS
https://www.bow.jp　info@bow.jp
発売所　株式会社 中央経済グループパブリッシング
〒101-0051　東京都千代田区神田神保町1-35
電話 03-3293-3381　FAX 03-3291-4437

ブックデザイン　加藤賢策（LABORATORIES）
編集協力＋DTP　BK's Factory
校正　小宮雄介
印刷所　中央精版印刷株式会社

BOW BOOKS

時代に矢を射る　明日に矢を放つ

001 リーダーシップ進化論
人類誕生以前からAI時代まで

酒井 穣
2200円｜2021年10月26日発行
A5判並製｜408頁

壮大なスケールで描く、文明の歴史と、そこで生まれ、淘汰され、選ばれてきたリーダーシップ。そして、いま求められるリーダーシップとは？

002 ミレニアル・スタートアップ
新しい価値観で動く社会と会社

裙本 理人
1650円｜2021年10月26日発行
四六判並製｜208頁

創業3年11ヶ月でマザーズ上場。注目の再生医療ベンチャーのリーダーが説く、若い世代を率いる次世代リーダーが大切にしていること。

003 PwC Strategy&の
ビジネスモデル・クリエイション
利益を生み出す戦略づくりの教科書

唐木 明子
2970円｜2021年11月25日発行
B5判変型並製｜272頁

豊富な図解と資料で、初心者から経営幹部まで本質を学び、本当に使える、ビジネスモデル・ガイド登場！

004 哲学者に学ぶ、問題解決のための視点のカタログ

大竹 稽／
スティーブ・コルベイユ
2200円｜2021年11月25日発行
A5判並製｜288頁

哲学を学ぶな。哲学しろ。ビジネスから人生まで生かしたい、近代以降デカルトからデリダまで33人の哲学者たちによる50の視点。

005 元NHKアナウンサーが教える
話し方は3割

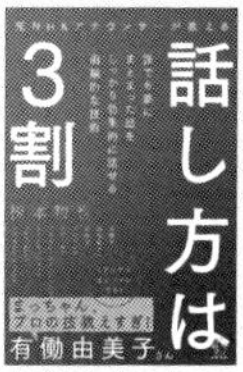

松本 和也
1650円｜2021年12月16日発行
四六判並製｜248頁

有働由美子さん推薦！

「まっちゃん、プロの技、教えすぎ！」

スピーチで一番重要なのは、話し方ではなく、話す内容です！

006 AI時代のキャリア生存戦略

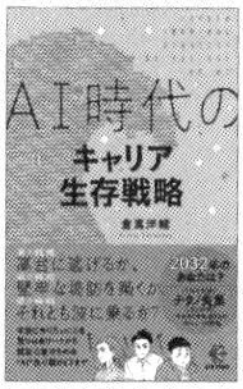

倉嶌 洋輔
1760円｜2022年1月28日発行
A5判変型並製｜248頁

高台(AIが代替しにくい職)に逃げるか、頑丈な堤防を築く(複数領域のスキルをもつ)か、それとも波に乗る(AIを活用し新しい職を創る)か？

007

創造力を民主化する

たった1つのフレームワークと3つの思考法

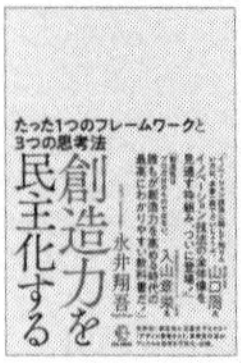

永井 翔吾

2200円｜2022年3月24日発行

四六判並製｜384頁

本書があなたの中に眠る創造力を解放する！ 創造力は先天的なギフトではない。誰の中にも備わり、後天的に鍛えられるものだ。

008

コンサルが読んでる本 100＋α

並木 裕太 編著

青山 正明+藤熊 浩平+白井 英介

2530円｜2022年5月27日発行

A5判並製｜400頁

ありそうでなかった、コンサルタントの仕事のリアルを交えた、コンサル達の頭の中がわかる「本棚」。

009

科学的論理思考のレッスン

高木 敏行／荒川 哲

2200円｜2022年6月30日発行

A5判横イチ｜212頁

情報があふれている中、真実を見極めるために、演繹、帰納、アブダクション、データ科学推論の基本を！

010

朝日新聞記者がMITのMBAで仕上げた

戦略的ビジネス文章術

野上 英文

2420円｜2022年7月30日発行

四六判並製｜416頁

ビジネスパーソンの必修科目！ 書き始めから仕上げまで、プロフェッショナルの文章術を、すべてのビジネスパーソンに。

011

わたしが、認知症になったら

介護士の父が記していた20の手紙

原川 大介／加知 輝彦 監修

1540円｜2022年9月23日発行

B6判変型並製｜192頁

85歳以上の55％が認知症!? 本書が、認知症、介護に対するあなたの「誤解・後悔・負担・不安」を解消します。

012

グローバル×AI翻訳時代の新・日本語練習帳

井上 多恵子

2200円｜2022年9月30日発行

B6判変型並製｜256頁

外国人と仕事するのが普通となった現代のビジネスパーソン必携！ AI翻訳を活用した、世界に通じる日本語力とコミュニケーション力。仲野徹氏絶賛!!

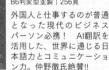

013 人生のリアルオプション
仕事と投資と人生の「意思決定論」入門

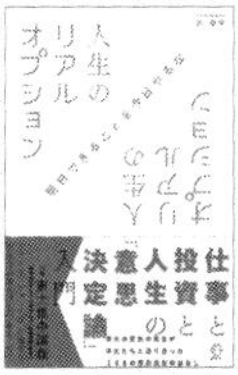

湊 隆幸
2420円｜2022年11月15日発行
四六判並製｜320頁

「明日できることを今日やるな」 不確実性はリスクではなく、価値となる。私たち一人ひとりがそのオプション（選択権）を持っている!!

014 こころのウェルビーイングのためにいますぐ、できること

西山 直隆
2090円｜2022年12月25日発行
四六判並製｜320頁

モノは豊かになったのに、なぜココロは豊かになれないんだろう…幸せと豊かさを手にしていく「感謝」の連鎖を仕組み化！

「幸福学」の前野隆司氏推薦!

015 コンサル脳を鍛える

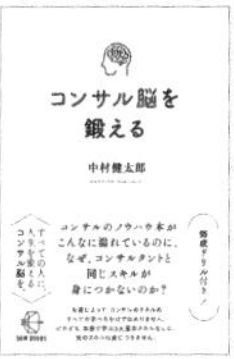

中村 健太郎
1980円｜2023年2月25日発行
四六判並製｜256頁

コンサル本が溢れているのにコンサルと同じスキルが身につかないのはなぜか？ その答えは「脳の鍛え方」にあった!? すべての人に人生を変える「コンサル脳」を。

016 はじめてのUXデザイン図鑑

荻原 昂彦
2640円｜2023年3月27日発行
A5判並製｜312頁

UXデザインとは、ユーザーの体験を設計すること。

商品作りでも販売現場でもアプリやDXでも…あらゆる場面でUXデザインが欠かせない時代の武器となる一冊!

全国主要書店、
オンライン書店、
電子書籍サイトで。
お問い合わせは、
https://www.bow.jp/contact

BOW BOOKS

時代に矢を射る　明日に矢を放つ

WORK と LIFE の SHIFT のその先へ。
この数年、時代は大きく動いている。
人々の価値観は大きく変わってきている。
少なくとも、かつて、一世を風靡した時代の旗手たちが説いてきた、
お金、効率、競争、個人といったキーワードは、もはや私たちの心を震わせない。
仕事、成功、そして、人と人との関係、組織との関係、
社会との関係が再定義されようとしている。
幸福の価値基準が変わってきているのだ。

では、その基準とは？　何を指針にした、
どんな働き方、生き方が求められているのか？

大きな変革の時が常にそうであるように、
その渦中は混沌としていて、まだ定かにこれとは見えない。
だからこそ、時代は、次世代の旗手を求めている。
彼らが世界を変える日を待っている。
あるいは、世界を変える人に影響を与える人の発信を待っている。

BOW BOOKS は、そんな彼らの発信の場である。
本の力とは、私たち一人一人の力は小さいかもしれないけれど、
多くの人に、あるいは、特別な誰かに、影響を与えることができることだ。
BOW BOOKS は、世界を変える人に影響を与える次世代の旗手を創出し、
その声という矢を、強靱な弓（BOW）がごとく、
強く遠くに届ける力であり、PARTNER である。

世界は、世界を変える人を待っている。
世界を変える人に影響を与える人を待っている。
それは、あなたかもしれない。